Em defesa de uma educação democrática

Dados Internacionais de Catalogação na Publicação (CIP)
(Câmara Brasileira do Livro, SP, Brasil)

Seffner, Fernando
Em defesa de uma educação democrática / Fernando Seffner, Fernando de Araújo Penna, Roger Raupp Rios.– Petrópolis, RJ : Vozes, 2025.

Bibliografia.
ISBN 978-85-326-7304-6

1. Democracia 2. Educação – Brasil 3. Educação e Estado – Brasil I. Penna, Fernando de Araújo. II. Rios, Roger Raupp. III. Título.

25-287760 CDD-370.981

Índices para catálogo sistemático:
1. Brasil : Educação 370.981

Cibele Maria Dias – Bibliotecária – CRB-8/9427

FERNANDO SEFFNER
FERNANDO DE ARAÚJO PENNA
ROGER RAUPP RIOS

Em defesa de uma educação democrática

EDITORA VOZES
Petrópolis

Rua Frei Luís, 100
25689-900 Petrópolis, RJ
www.vozes.com.br
Brasil

Editoração: Marina Montrezol
Diagramação: Monique Rodrigues
Revisão gráfica: Nilton Braz da Rocha
Capa: Rafael Machado

ISBN 978-85-326-7304-6

Este livro foi composto e impresso pela Editora Vozes Ltda.

Sumário

A proposta deste livro

Este livro se desenvolve em torno de duas apostas político-pedagógicas. A primeira é de que a democracia é o regime mais adequado para a garantia da qualidade de vida de todos e de todas e da sustentabilidade do planeta, assumindo que pessoas e planeta não são entidades isoladas, mas só existem em estreita conexão. A segunda é de que a existência da democracia implica um constante esforço de educação democrática. A educação democrática não é tarefa exclusiva da escola, mas a trajetória escolar tem enorme importância na produção de pessoas que valorizam e lutam pela democracia. Os dois termos-chave deste livro, democracia e educação democrática, necessitam ser problematizados e definidos, o que será feito em momentos específicos mais adiante. Desde já registramos uma ideia-chave em torno do conceito de democracia: a democracia se inaugura com o reconhecimento da legitimidade do conflito, e se apresenta como a melhor forma de lidar com os conflitos, encaminhando soluções a partir da escuta das muitas partes envolvidas. Registramos também uma ideia-chave em torno do conceito de educação democrática escolar: a trajetória escolar é um longo aprendizado em torno do comum, da coisa pública, da noção de coletivo. Nunca é demais lembrar uma das ideias-chave de Paulo Freire: ninguém aprende sozinho, o aprendizado se dá em ambiente coletivo, plural e diverso. Este livro persegue a utopia de uma escola centralmente envolvida com a educação democrática, tanto no momento das aulas das disciplinas específicas quanto nas atividades coletivas, no desenvolvimento de projetos, na abordagem de temas transversais, nas saídas de campo e atividades extraescolares, nas comemorações e festividades, nos rituais das datas cívicas, nas assembleias de alunos e alunas, nas reuniões de professores e professoras, nos encontros de toda a comunidade escolar, nos momentos em que a escola se organiza para reivindicar melhorias e direitos, nos momentos em que cada professor ou professora está preparando as aulas, nos momentos em que cada aluno ou aluna está realizando individualmente uma tarefa.

Numerosos indicadores mostram que a vida na democracia vem se tornando um bem raro no mundo. Em outras bases de dados, verifica-se que entre as populações jovens a crença de que viver na democracia é o mais adequado perde força. As democracias existentes vêm experimentando redução de densidade, e se transformam em regimes autocráticos, ou democracias de fachada, em que o poder do dinheiro ou de alguns grupos efetivamente decide tudo, e as eleições são um ritual que não agrega participação verdadeira da maioria. Tudo isso dá à discussão que apresentamos neste livro certo caráter de urgência. Mais ainda, temos uma dupla tarefa pela frente: valorizar a democracia insistindo na importância da educação democrática, e fazer a crítica a regimes democráticos que não cumpriram suas promessas de redução da desigualdade e de produção da justiça social, e com isso perderam credibilidade. Em palavras bem simples, temos que, ao mesmo tempo, lançar um olhar crítico sobre o modo como as democracias têm sido vividas, e defender sua importância frente ao avanço de regimes de populismo autoritário. Para usar um ditado popular, é quase como "trocar o pneu com o carro andando". O caminho que traçamos aqui envolve propor uma radicalização da democracia, e insistir na sua presença na trajetória escolar, na forma de educação democrática.

Para bem perseguir as duas apostas que indicamos, o livro está estruturado em quatro capítulos, nos quais tanto fazemos afirmações quanto levantamos questões. Terminar a leitura deste livro com um pacote de boas informações e muitas boas questões na cabeça nos parece um rico material para pensar aulas, projetos e atividades em torno da educação democrática. No primeiro capítulo trazemos um conjunto de reflexões em torno do sentido da democracia e das crises que no contexto atual comprometem e retiram legitimidade dos regimes democráticos, abrindo espaço para lideranças autoritárias. Listamos elementos que auxiliam a entender a crise atual de confiança na democracia e a pensar sentidos possíveis e necessários de democracia frente aos desafios atuais. No segundo capítulo traçamos a história da noção de educação democrática. Indicamos autores e autoras que trabalham com o tema, e desenhamos as principais proposições de como produzir uma educação democrática ao longo da trajetória escolar. Em outras palavras, de como proporcionar às novas gerações que a cultura escolar seja local de aprendizado e vivência real de democracia. Ao fazer isso, estamos ajudando a cumprir o que a Constituição Federal de 1988 prega, quando estabelece a necessidade de gestão democrática da escola, e admite a importância do pluralismo de ideias e concepções pedagógicas.

No terceiro capítulo apresentamos o direito constitucional à educação democrática e seus princípios jurídicos. Abordamos os movimentos da mesma geração contrários à liberdade de ensinar. A democracia que desejamos tem que trazer respostas possíveis ao cenário de violência – violência econômica, racial, de gênero, de classe, de geração, derivada da intolerância religiosa e fruto de outras razões –, bem como trazer respostas ao persistente cenário de desigualdade brasileira. Desigualdade, também, que é tanto econômica quanto de raça, de geração, de origem regional, de gênero, de orientação sexual e de muitas outras razões. A educação democrática que desejamos tem que se ocupar com a violência escolar e com as graves desigualdades e seu impacto nas trajetórias escolares. No quarto capítulo apresentamos proposições para uma educação democrática na cultura escolar, em conexão com os marcadores sociais da diferença, a saber, os muitos marcadores que atribuem um lugar social às pessoas: classe, raça, pertencimento religioso, gênero, orientação sexual, origem regional, estrutura de família, estado civil, deficiência, geração, grau de escolaridade, etnia, pertença política, filiação partidária e outros. Concluímos o livro com a apresentação de algumas considerações finais, que dão conta das dificuldades, da necessidade e da urgência de uma educação democrática no cenário educacional brasileiro. Apresentamos ao final as referências que utilizamos na escrita (autores, autoras, fontes de dados), bem como indicações de leitura para aprofundamento das questões abordadas.

O exercício da educação democrática deve levar em conta, a cada momento histórico, características do contexto escolar de cada local. Temos a confiança de que a leitura deste livro traz elementos que ajudam a pensar os melhores modos de produzir uma escola animada pela educação democrática, em cada lugar, em cada contexto histórico. Mas temos também a certeza de que os dois conceitos-chave aqui trazidos – democracia e educação –

são objeto de disputas políticas e pedagógicas infindáveis. Tal característica não é algo negativo; pelo contrário, só mostra a importância da democracia e da educação em qualquer projeto de nação, em qualquer projeto de vida, na negociação de qualquer projeto de coletividade e no desenho de qualquer projeto de futuro. Se cada leitor e leitora, a partir do que aqui está escrito, avançar em outras direções, agregando propostas e informações, nosso objetivo estará realizado. A educação democrática e a democracia são, como não poderia ser diferente, construção coletiva, contingente, que se desenvolve em meio a tensões e debates. Fica o convite a participar deste movimento social, que dá sentido à vida de todos e todas.

Fernando Seffner
Fernando de Araújo Penna
Roger Raupp Rios

Outono de 2025

1
A democracia que temos, que queremos, de que necessitamos e que conquistamos

As questões que guiam a escrita deste capítulo podem ser abordadas a partir de indagações e de afirmações. Começamos com três conjuntos de indagações do tempo presente. O primeiro conjunto de indagações diz respeito a saber se a democracia é efetivamente um valor fundamental na sociedade brasileira. Variando a redação da pergunta: Quando brasileiros e brasileiras enfrentam os problemas do dia a dia – problemas de emprego, saúde, habitação, discriminação, educação, salário, segurança ou previdência – eles e elas associam a resolução de tais problemas com a importância de se viver em uma democracia? Quando se pergunta a alguém como seria uma existência digna, ou uma "boa vida", a pessoa inclui a vida na democracia em algum dos itens de sua resposta? Brasileiros e brasileiras se mostram favoráveis à democracia por terem dela um sentido positivo, mas não percebem sua importância na vida cotidiana? O segundo conjunto de indagações diz respeito a saber se a democracia vem perdendo prestígio no mundo, se está em crise. E, se está em crise, quais as razões dessa crise? Temos como saber se é uma crise passageira ou a crise terminal deste modelo político? Há grupos sociais interessados em produzir uma crise nos regimes democráticos? Que grupos são esses e que vantagens obtêm com a crise na democracia? Sempre se diz que as crises são oportunidades de superação, de busca de soluções criativas, de aposta na inovação. No caso da crise da democracia, é isso que vem acontecendo? Há sinais de que sairemos desta crise com democracias mais representativas, mais fortes, que assegurem uma vida melhor para a maioria da população? Ou a superação da crise vai caminhar no sentido de menos democracia e mais autoritarismo? O terceiro conjunto de indagações diz respeito a pensar acerca da democracia que desejamos e das condições para que ela efetivamente possa ser implantada. Que regime democrático pode melhor servir à maioria da população, e que características deve ter esse regime? Que caminhos existem, e são considerados viáveis, para construir um regime dotado de tais qualidades? Há experiências históricas em andamento nesse sentido no mundo atual? No percurso histórico da humanidade encontramos boas experiências nesse sentido? Em que medida o patrimônio histórico-cultural de experiências políticas latino-americanas pode ajudar a pensar a democracia que desejamos? A luta em direção a uma forma democrática adequada tem caráter agonístico? Ela nunca estará concluída? Ou temos um lugar de chegada que já é possível visualizar? Este lugar pode ser designado por democracia aberta?

O mais tradicional sentido da democracia repete por três vezes a palavra "povo": governo do povo, pelo povo e para o povo. O poder político pertence ao povo e o governo deve refletir essa vontade geral. O exercício do poder de governo é realizado pelo povo, de modo direto ou por meio de representantes.

O governo na democracia tem como finalidade o bem-estar coletivo, o que pode ser pensado como interesse público. Há um conjunto de termos que habitam a nuvem de significados da democracia em praticamente todas as definições: soberania popular, participação cidadã, igualdade, estado de direito, garantia de liberdades fundamentais (de expressão, de associação, de pertencimento religioso, dentre outras), liberdades individuais e liberdades coletivas, transparência das ações políticas, autonomia e equilíbrio dos três poderes.

O conceito de democracia não designa apenas uma forma de governo, ou a simples realização de um ato característico, como eleições, mas sim um significado da vida política, que é a percepção do direito a ter direitos, conforme se discute em Chauí (2018a, 2018b). É viver a vida com a garantia de que a existência política consiste na ampliação de direitos, tanto individuais quanto coletivos. Viver em uma democracia é viver em uma sociedade que cria direitos que protegem e ampliam os modos de viver. Estamos sempre presenciando o reconhecimento de novos modos de viver. No caso brasileiro, por longo período pessoas não brancas foram consideradas coisas, por conta de sua escravização. Mesmo abolida a escravidão, ainda são vidas precárias no contexto atual, não contam com todos os direitos e garantias de proteção. Viver em uma democracia é viver em uma sociedade que protege vidas historicamente precárias, visando à igualdade social. Pensando no terreno da educação, que é o que nos interessa neste livro, a vida na democracia implica o direito à educação, princípio da Constituição Federal de 1988. Daí decorrem direitos de aprendizagem, de ter acesso ao maior nível de formação existente, direito ao transporte escolar para deslocar-se até a escola em segurança, direito à merenda escolar por conta da segurança alimentar, direito a material didático de qualidade, garantia de frequentar uma escola onde os docentes tenham direito à formação continuada, direito dos pais de acompanhar a vida escolar dos filhos, e muitos outros direitos a proteger o bem jurídico maior, o direito à educação. Campanhas de desinformação, proibição de abordagem de determinados temas na trajetória escolar – como questões de gênero e sexualidade, informações acerca de memória, verdade e justiça em torno de períodos autoritários da história nacional, conhecimento das tradições dos povos originários e dos povos africanos – configuram redução da densidade democrática, por conta da redução do direito à educação. Democracia é produção e promoção de direitos, visando melhorar a vida das pessoas, nunca de um ponto de vista estritamente individual, mas tendo como pano de fundo o bem comum.

O convívio dos muitos direitos, individuais e coletivos, implica perceber que tais direitos se moderam entre si. Em sociedade, convivem direitos individuais e coletivos. Isso implica que direitos individuais e direitos coletivos são afirmados tendo em vista as várias dimensões da vida em sociedade. Não cabe falar em superioridade de uns em relação aos outros. A ampliação de direitos é um processo necessariamente coletivo. Uma multidão na praça reivindicando algum direito – o direito básico de manifestar-se e de protestar, por exemplo – traz uma ampliação de direitos, pois a multidão na praça não é uma coleção de individualidades, ela cria um sujeito coletivo. Afirmar que vivemos em uma democracia vai muito além de listar um conjunto de regras e leis existentes, embora elas sejam importantes – legislação que garante o direito a votar, lei que protege a liberdade de expressão, garantias de tratamento que respeitem os direitos humanos nas demandas policiais e de justiça. Afirmar que vivemos em uma democracia é afirmar que vivemos em uma sociedade que tem determinada correlação de forças na condução da vida política. E que nesta correlação de forças todos os grupos sociais – sejam classes sociais, grupos por afinidade de identidade, movimentos políticos, coletivos que vivem em determinado local – realizam livremente a pressão por obter direitos, e não há um grupo social com tal quantidade de poder que os demais não consigam ter seus direitos sequer verbalizados, quanto mais atendidos (Miguel, 2022).

Pensando essa afirmação do ponto de vista racial, deseja-se que a democracia branca não seja o paradigma da democracia. Se democracia é governo de e para todos (e todas, e todes), a vida na democracia é um exercício em que os muitos grupos sociais são visibilizados, têm voz e garantia de expressão, e participam do jogo político em pé de igualdade para a obtenção de direitos. O processo de obtenção de direitos passa pela já citada ponderação e convívio entre todos os direitos. Tal situação pode ser pensada em uma sala de aula, onde temos uma diversidade de identidades, e a busca de consensos e negociação dos dissensos passa por reconhecer a presença dessa diversidade, e por reconhecer que o conflito de proposições é algo legítimo. A democracia diz respeito aos modos de gerir tais conflitos, derivados da multiplicidade de pontos de vista e de interesses em jogo em torno de qualquer assunto. O regime democrático deve produzir soluções justas e humanitárias para a tensão derivada de outro binômio, aquele entre liberdade e igualdade. Também aqui, liberdade e igualdade se moderam entre si ou, dito de outra forma, uma traz limites para a outra. Certas versões da liberdade são incompatíveis com a democracia. A situação de emergência climática que vivemos não permite concordar com a liberdade das queimadas, por exemplo, mesmo considerando os direitos da propriedade privada. O Brasil é um país de enorme desigualdade, e a desigualdade tem entre nós larga trajetória histórica. Tais temas serão mais bem discutidos em capítulo específico, por conta de serem centrais para a compreensão da democracia.

É possível conhecer melhor a democracia em que vivemos, e a modalidade de educação democrática de que necessitamos, analisando elementos em torno da crise pela qual passam os regimes democráticos no mundo, o que se reflete também em uma crise da democracia enquanto um conceito e um sistema de governo hoje percebidos como desgastados. Valemo-nos para isso de quatro relatórios, comentando seus principais achados. O primeiro deles é o Relatório da Democracia 2024 (Nord *et. al.*, 2024), elaborado pelo Instituto V-Dem Variedades da Democracia, que mantém a maior base global de dados sobre o tema democracia e realiza anualmente a coleta de mais de seiscentos atributos dos regimes democráticos em todos os países do globo. A democracia é tomada pela equipe de pesquisa desse relatório como um conceito que tem múltiplas dimensões, o que exige conhecer dados acerca de muitas áreas da vida social e econômica, em cada país, para então afirmar se esse é um país democrático ou não, e em que medida é democrático. A pergunta-chave é: É possível medir o nível de democracia em um país? A complexidade dessa análise exige desagregar o conceito de democracia em cinco dimensões: dimensão eleitoral, dimensão liberal, dimensão participativa, dimensão igualitária e dimensão deliberativa. A dimensão eleitoral diz respeito à verificação da qualidade dos processos eleitorais, que garantem que os governos eleitos representem efetivamente a vontade do povo. A dimensão liberal tem como foco a verificação da garantia das liberdades individuais e dos direitos fundamentais. A dimensão participativa se analisa a partir do levantamento de dados em torno dos modos efetivos por meio dos quais a população participa na tomada de decisões no espaço público, envolvendo instrumentos como consultas plebiscitárias, conselhos de controle social, gestão democrática da escola e políticas inclusivas. A dimensão igualitária diz respeito a saber dos meios e modos pelos quais a democracia garante tanto a redução das desigualdades quanto assegura o acesso e o tratamento igualitário de todos, todas e todes nos benefícios das políticas públicas. A dimensão deliberativa se evidencia pela pesquisa e pelo levantamento de dados em torno da qualidade dos processos de decisão política, se são transparentes, dialogados e amparados em conhecimentos científicos.

O relatório V-DEM é produzido anualmente desde 2017, e incorpora dados coletados para anos mais recuados do que esta data inicial de publicação, o que permite comparações de contexto histórico. Essas comparações não são muito animadoras, e reforçam a necessidade de uma educação democrática. Conforme a edição 2024 do relatório, completaram-se quinze anos consecutivos em que a percentagem da população mundial que vive em países que passam por processo de autocratização é maior do que a percentagem de pessoas que vive em países que passam por processos de aprofundamento da densidade democrática. Por autocratização o relatório entende um processo continuado de erosão das instituições democráticas de um país, com eventos tais como: inexistência ou poucas oportunidades de eleições livres e justas; manipulação dos resultados eleitorais e ataques aos sistemas eleitorais; ataques à liberdade de expressão e à liberdade de imprensa; comprometimento da independência do poder judiciário; privatização ou eliminação de sistemas públicos de saúde, educação e previdência; redução dos direitos e das liberdades civis; repressão ao direito de protestar; censura da produção artística e cultural; implantação de sistemas de vigilância e controle de informações que ameaçam a cidadania; perda da transparência no acesso a dados da administração pública; aumento da perseguição a pessoas e partidos de oposição; dificuldades crescentes para se organizar politicamente e participar da vida pública; imposição de restrições que dificultam a elegibilidade de pessoas a cargos públicos; eleições com a participação quase exclusiva de candidatos do partido da situação, impedindo ou dificultando a alternância no poder; concentração de atribuições nas mãos do poder executivo e da presidência sem supervisão adequada; alterações nos documentos constitucionais permitindo a perpetuação de líderes no poder; envolvimento do país em guerras e perseguições a minorias na tentativa de criar um clima constante de agitação e caça a supostos inimigos da pátria; tratamento dos opositores como se fossem inimigos da pátria, com frequentes acusações de terrorismo a grupos que divergem do poder central ou do partido majoritário; disseminação de informações falsas para justificar medidas autoritárias; histórico de golpes militares e excessiva influência das forças armadas sobre as instituições do executivo, do legislativo e do judiciário; forças policiais corruptas e em frequente associação com milícias e organizações paramilitares, exercendo controle sobre áreas urbanas; prejuízos ao funcionamento do regime com o chamado sistema de freios e contrapesos, em que cada poder – o legislativo, o executivo e o judiciário – exerce moderação sobre os demais; um sistema judiciário que não garante a proteção das minorias e dos grupos vulneráveis; um governo que não se guia pela legislação aprovada e que não faz empenho em cumprir as leis, preferindo conceder privilégios a grupos ou classes sociais escolhidas; extinção ou redução de poder dos conselhos de controle social, dos quais participam usuários, moradores, beneficiários das políticas públicas, em regime de paridade com servidores públicos e outros setores sociais. Todo este conjunto de processos encaminha as democracias para uma transformação em regimes autoritários, tiranias e ditaduras.

Organizando os dados em uma linha do tempo, o relatório 2024 destaca que o avanço de um processo positivo de democratização global nos regimes de governo avançou até os anos finais do século XX. O ingresso no século XXI mostrou situação de estagnação nesse processo positivo, e o ano de 2010 marca o início do significativo retrocesso, que se prolonga até 2024, ano da última edição consultada para a escrita deste livro. Pensando em dimensão geográfica global, esse declínio na densidade democrática é observado principalmente em países do Leste Europeu e das regiões sul e central da Ásia. Na América Latina, os dados do relatório 2024 mostram uma situação mais positiva, pois os níveis de democracia aumentaram, e os países com maior população são mais democráticos do que os países de pequena população. De todo modo, em nível amplo, o relatório mostra que cerca de um terço da população global vive em democracias liberais e eleitorais; enquanto cerca de dois terços vivem sob regimes autocráticos, resultado de um processo gradual de enfraquecimento das instituições democráticas. Dentre as cinco dimensões da democracia que são analisadas no relatório 2024, a liberdade de expressão é aquela mais afetada, com o quantitativo de 35 países onde a redução dessa dimensão foi significativa no último ano. Eleições limpas e justas e com ampla participação de candidaturas e de eleitores, que constituem a dimensão eleitoral, é a segunda componente mais afetada. A terceira dimensão mais afetada é a dimensão liberal, o que significa que tivemos forte redução na liberdade de associação e nos direitos civis em um número significativo de países. As eleições são o que podemos denominar de "eventos críticos" nos processos de autocratização. A partir delas, se desencadeiam fortes tensões no sentido de enfraquecer as instituições democráticas, por ação direta do poder executivo, em aliança ou não com setores do legislativo ou judiciário, e no geral envolvendo processos de corrupção e falta de transparência das ações e políticas públicas.

O segundo relatório que consultamos para conhecer a situação atual da democracia no mundo foi aquele elaborado pelo Pew Research Center, uma instituição norte-americana com longa tradição em pesquisas de opinião, e que conduz regularmente investigações em vários países do mundo. A edição 2024 do relatório (Wike *et al.*, 2024) traz como informação geral mais importante, na coleta de opinião pública, que a democracia representativa permanece sendo uma ideia positiva de apelo popular, mas que são generalizadas as críticas na população de todos os países do mundo acerca do seu funcionamento. Em outras palavras, a pesquisa de opinião verificou que a proposta de democracia representativa segue sendo percebida pela maioria como o melhor regime para gerir um país. Por outro lado, as pessoas percebem que a qualidade das democracias vem experimentando declínio nos últimos anos. Traduzindo isso em percentuais gerais, a pesquisa apontou que 60% das pessoas, numa média entre todos os países, não estão satisfeitas com o modo como a democracia vem funcionando em seu país. Três quartos das pessoas entrevistadas afirmaram que os políticos eleitos não cuidam das populações de modo adequado. E 42% afirmaram que os partidos políticos que existem em seu país não representam seus pontos de vista, ou seja, essas pessoas percebem que não estão representadas no cenário partidário local.

Embora com variações locais, a maioria das pessoas consultadas afirmou que a democracia em seu país estaria melhor se mais mulheres, mais pessoas de origens pobres e mais jovens adultos ocupassem cargos eletivos. O impacto da eleição de candidaturas de milionários, pessoas do mundo dos negócios e candidaturas oriundas do ambiente sindical experimentou variação de opiniões, oscilando entre manifestações positivas e negativas. Na média geral mundial, observa-se uma diminuição no entusiasmo das populações em ter mais políticos eleitos que sejam religiosos. Mas para o caso brasileiro os dados mostram que essa ideia ainda é relativamente popular. Uma vez que grande parte das pessoas entrevistadas critica o funcionamento precário da democracia em seus países, a pesquisa investigou suas opiniões acerca de outros modos de governo. A proposta de uma democracia direta, na qual a maioria dos assuntos é decidida por consultas com votação direta de toda a população, recebeu apoio de mais da metade das pessoas consultadas em quase todos os países do mundo. Também a ideia de que as decisões deveriam ser tomadas por um conjunto de especialistas nos temas, e não por pessoas eleitas, recebeu apoio. O dado preocupante dessa pesquisa aparece no apoio cada vez mais expressivo de parcelas da população para modelos de governo mais autoritários. Em 13 dos 24 países em que a pesquisa foi feita, um quarto ou mais das pessoas entrevistadas apoia um sistema de governo em que um líder forte, eleito pela população, deveria ter liberdade de tomar as decisões sem que o parlamento ou os tribunais pudessem interferir. Em quatro das oito nações de renda média no estudo, pelo menos metade dos entrevistados expressa essa visão. Esse apoio cada vez mais decidido a regimes com feição autoritária contempla também o apoio a governos militares. Nos oito países de renda média que foram objeto da pesquisa, o Brasil incluído neles, cerca de um terço das pessoas entrevistadas apoia governos militares.

Dentre os numerosos fatores que dão impulso à crescente insatisfação com os regimes democráticos, um deles merece atenção especial. É a crença generalizada de que os políticos estão desconectados da vida das pessoas comuns e desfrutam de certo grau de impunidade, não sendo possível condená-los em caso de ações ilegais. Essa percepção indica que, mais do que um desagrado com a democracia, o desagrado é com as pessoas que exercem função de representação na vida pública. Dentre as 24 nações pesquisadas, 74% das pessoas afirmam que os eleitos em seus países não se importam com o que as pessoas como elas pensam. Tal informação está em sintonia com o dado que já apontamos acima, acerca dos partidos. Nos 24 países pesquisados para a elaboração desse relatório, uma média de 54% da população afirma que há pelo menos um partido político que representa bem suas opiniões, enquanto 42% afirmam que não há no país nenhum partido político que represente suas opiniões. Tais dados reafirmam a questão da qualidade da representação como muito importante para pensar a crise das democracias. Um dos propósitos da educação democrática é qualificar os jovens para a compreensão dessas questões e para um desejável envolvimento na vida política, nas suas muitas possibilidades de atuação – partidária, sindical, associativa, em organizações não governamentais, em movimentos sociais, em instituições de memória etc.

A pesquisa conduzida pelo Pew Research Center incluiu também uma pergunta aberta, em que a pessoa era convidada a indicar, com suas próprias palavras, ideias para melhorar a democracia. O resultado, agrupando as respostas em temas comuns, indicou em primeiro lugar o desejo de que os líderes políticos sejam mais representativos da população – em termos de gênero, idade, raça e outros marcadores – e que mantenham canais efetivos de escuta das demandas das populações. O segundo conjunto de ideias diz respeito à necessidade de reformas políticas, e aqui as opiniões indicam questões diversas, como mudanças no equilíbrio de poder entre as instituições, criação de limites de tempo para o exercício dos cargos políticos e de juízes, e a indicação de mecanismos de democracia direta, facilitados hoje em dia pelas tecnologias. O terceiro conjunto de proposições envolve os próprios informantes, cidadãos e cidadãs, que necessitam estar mais informados, ser mais envolvidos nas atividades políticas, respeitosos com as posições contrárias e dispostos a um maior engajamento geral na vida pública. Em quarto lugar, estão listadas as questões de natureza econômica, e isso vale para países de renda média em especial, dentre os quais está incluído o Brasil. As pessoas desejam governos que conduzam uma economia saudável, condição para uma democracia saudável. Isso envolve criação de empregos, mecanismos de controle da inflação, gastos governamentais com efetivo retorno para o bem-estar da maioria, investimentos em infraestrutura em todas as áreas, como em hospitais, escolas, sistemas de abastecimento de água e de energia, estradas, equipamentos culturais e de lazer.

O terceiro relatório que consultamos intitula-se "Informe Latinobarómetro 2024: la democracia resiliente" (Latinobarómetro, 2024). O relatório é produzido pela Latinobarómetro Opinión Pública Latinoamericana, uma corporação de direito privado sem fins lucrativos com sede em Santiago do Chile. O Informe Latinobarómetro é publicado desde 1995 de forma regular, e investiga o desenvolvimento da democracia, da economia e da sociedade, a partir de indicadores de opinião pública que buscam conhecer atitudes, valores e comportamentos. Seu foco são os países da América Latina. Para os comentários a seguir, utilizamos tanto as informações relativas aos países da América Latina em seu conjunto como alguns dos dados desagregados referentes ao Brasil. Vale começar destacando as palavras de abertura do relatório 2024:

> O ano de 2024 nos surpreende com um aumento de quatro pontos percentuais no apoio à democracia, alcançando 52%, um recorde de expectativas econômicas pessoais positivas, e um crescimento no apoio à economia de mercado, embora com muita ênfase nas falhas do que a região não conseguiu realizar nestas quatro décadas desde o início da transição. O deterioro democrático observado desde 2010 até hoje, em 2024, chega ao fim e é revertido. As eleições de 2024 encerram a onda de alternâncias, com a reeleição do governo em três países. O pessimismo econômico com o qual saímos da pandemia desaparece, e há um recorde de pressão de expectativas sobre os governos. As pessoas acreditam que estarão melhor no futuro do que estarão seus países, o que é uma contradição. A democracia se torna subitamente resiliente em um grupo considerável de países. Ao mesmo tempo, identifica-se de forma

> mais clara os países cujas democracias apresentam importantes fragilidades. Quase trinta anos de medições, desde 1995, com muitos altos e baixos e períodos difíceis, não conseguem destruir as democracias, como tantos preveem, nem as declarar em estado terminal (Latinobarómetro, p. 1, 2024).

Tais palavras de abertura dialogam em sintonia com os dados que apresentamos dos dois primeiros relatórios, nos quais a América Latina é vista como região onde a democracia alcança um horizonte mais positivo de consolidação no contexto analisado. Essa perspectiva tem a ver com o fato de que quatro países da América Latina apresentaram no ano da coleta de dados desses relatórios democracias consolidadas, e todos são países com população numerosa, a saber: Brasil, México, Colômbia e Chile. A Argentina, ao final do período de amostra das pesquisas, ingressou em um governo com ataques à democracia, mas se manteve na maior parte do tempo com governos favoráveis à democracia. Vale dizer que não são estes os únicos países com democracias na América Latina, há muitos outros, mas com populações mais reduzidas. A amplitude das democracias não se mede apenas pelo número de países, mas pelo quantitativo das populações no mundo que vivem sob regimes democráticos. Este relatório também detalha os impactos da covid-19 sobre os regimes democráticos, em particular naqueles que tomaram medidas de combate à epidemia em desacordo com os conhecimentos científicos e naqueles que simplesmente não tomaram medidas, preferindo manter a economia funcionando e a população morrendo. É interessante pensar que os agravos de saúde, em especial quando configuram epidemias ou pandemias, também colocam as democracias à prova, e elas podem sair mais debilitadas ou mais fortes de tais embates. Também é interessante pensar no adjetivo "resiliente", utilizado pela equipe de pesquisadoras e pesquisadores do relatório, para definir as democracias da América Latina neste período pós-covid-19.

A palavra "resiliência", no sentido mais voltado às ciências humanas e sociais, identifica grupos sociais, comunidades, movimentos sociais, populações em seus territórios, países, agrupamentos identitários, bem como culturas juvenis, que demonstram capacidade de construção de estratégias para resistir a pressões – no caso, as pressões de autocratização e as pressões que derivaram do enfrentamento da pandemia. A conhecida metáfora da guerra, utilizada muitas vezes em saúde pública para se referir ao enfrentamento de pandemias, colabora para pensar em um regime praticamente militar de governo, com líderes fortes e armados, contra o inimigo, no caso, um vírus. A convocação de forças militares para trabalhar no enfrentamento de pandemias, assim como no enfrentamento dos desastres ditos naturais – em geral provocados pela ação humana –, evoca situações de exceção e de enfraquecimento das democracias. No caso da América Latina, em muitos países a reconstrução no pós-pandemia vem se dando sob o signo do aprofundamento da democracia. O Brasil tornou-se conhecido mundialmente, em décadas passadas, por conta da construção de uma resposta nacional à aids que conjugou o controle da disseminação do vírus com a ampliação da democracia e dos direitos das populações vulneráveis. Em outros países, o combate às enfermidades é sempre oportunidade para possíveis restrições aos direitos da democracia. O relatório detalha dois marcadores sociais da diferença que nos interessam em projetos de educação democrática, que são geração e gênero:

> Percebe-se um perfil etário claro no apoio à democracia: quanto maior a idade, maior o apoio, chegando a 56% entre os maiores de 60 anos, enquanto entre os menores de 25 anos é de 45%. O autoritarismo, por outro lado, aumenta à medida que a idade diminui, indo de 13% entre os maiores de 60 anos para 21% entre os menores de 25 anos. No que diz respeito à idade, há mais apoio entre os homens (54%) do que entre as mulheres (50%). Essa diferença pode estar relacionada à educação, e não ao sexo, já que as mulheres possuem, em média, menor nível de escolaridade do que os homens (Latinobarómetro, p. 36, 2024).

Na direção dos dados acima, que apontam as populações jovens – aquelas que estão em geral ainda cursando a trajetória escolar, ou a do Ensino Superior – como menos entusiasmadas com a democracia, temos a atitude em relação ao autoritarismo. Esse dado se mantém nos últimos relatórios anuais, na faixa etária de 16 a 25 anos, na média de que a cada cinco jovens, um deles apoia decididamente regimes mais autoritários, enquanto tal percentual diminuiu entre os mais velhos. Em sintonia com esses dados, temos as questões que indagam em relação à indiferença ao tipo de regime, em respostas que mostram a tendência de que quanto mais jovem, maior é a indiferença ao tipo de regime, chegando a 30% entre os que têm de 16 a 25 anos, e diminuindo de maneira sensível entre aqueles com idade superior a 61 anos. A questão posta na pesquisa indaga se a pessoa percebe diferença entre viver em uma democracia ou viver sob outro regime e pergunta sobre a possibilidade de a pessoa ter sucesso na sua vida em uma democracia ou sob outro tipo de regime.

As respostas permitem perceber a noção de empreendedorismo de si, coerente com os valores da racionalidade neoliberal, que insiste no individualismo e nas carreiras em que alguém é tanto patrão quanto empregado de si mesmo. Esses achados de pesquisa, nessa distribuição etária, permitem pensar que os processos de socialização das culturas juvenis em tais democracias imperfeitas da América Latina, pelo fato de serem imperfeitas – baixa densidade democrática, baixa representatividade dos políticos e dos partidos, fraco diálogo com as culturas juvenis, não atendimento das demandas das populações mais vulneráveis, entre as quais os jovens estão situados –, não oportuniza a produção de novas gerações mais democráticas. Pelo contrário, a vida em uma democracia percebida como regime com funcionamento precário parece produzir mais apoiadores de modalidades autoritárias de governo, bem como indivíduos mais inclinados à indiferença em relação ao tipo de regime político do contexto em que vivem. A indiferença revela desconfiança com a vida política, com os partidos, com as instituições de governo, com as eleições, e conduz ao baixo engajamento em lutas políticas pela melhoria da sociedade em direção à vida na democracia. Esses elementos são centrais para se pensar em uma educação democrática. Em síntese, os dados coletados permitem afirmar que as pessoas mais velhas são mais simpáticas à democracia do que as mais jovens na América Latina. Os regimes políticos vigentes na maioria dos países não estão formando mentalidades democratas na região, e abrem espaço para a adesão a propostas e governos autoritários. Corroborando essas afirmações e enfatizando o papel central dos sistemas educativos no tema da democracia, as questões que indagam acerca do nível de escolaridade, tanto da pessoa entrevistada quanto de seus pais, indicam com clareza que quanto maior o nível de escolaridade, maior o apoio à democracia como melhor regime para se viver, e menor a taxa de indiferença em relação à importância do regime existente no contexto da vida.

O quarto e último relatório de que nos valemos para compreender o contexto de crise que atravessa a democracia documenta os agravos ao direito à liberdade de expressão, devido a medidas de censura estatal nas Américas, com dados coletados para o ano de 2024 (CIDH, 2024). O relatório foi produzido por um conjunto de organizações da sociedade civil da América Latina que se ocupam das conexões entre direitos humanos e liberdade de expressão, compostas de jornalistas e operadores do direito. Ele foi produzido sob demanda da Comissão Interamericana de Direitos Humanos, órgão que compõe, ao lado da Corte Interamericana de Direitos Humanos, o Sistema Interamericano de Proteção aos Direitos Humanos, no âmbito da Organização dos Estados Americanos (OEA). Diversas organizações do Brasil tomaram parte na elaboração do relatório. O foco é analisar as estratégias de governos autoritários para reprimir a liberdade de expressão no seio das sociedades. Por meio do estudo de casos de mandatos de governos autoritários e com desprezo pela democracia, o relatório analisa os contextos de limitação ao exercício dos direitos fundamentais, como a liberdade de expressão, a liberdade de acesso à informação, a liberdade de imprensa e o direito de defender os direitos humanos relacionados a essas liberdades. Embora analisando casos ocorridos em países diferentes, todos na América Latina, os grupos de investigação encontraram estratégias semelhantes utilizadas pelos governos para dificultar a participação pública das pessoas, todas elas classificadas como estratégias de censura indireta, que visam enfraquecer os sistemas democráticos.

A primeira estratégia é o uso de processos de discriminação e produção de estigma. Funcionários do aparelho de estado, por vezes de altos cargos e até mesmo na presidência da república, atacam os veículos de comunicação e os movimentos sociais, com o uso de tecnologias de informação e comunicação, disseminando discursos de ódio contra os opositores. O uso dessa linguagem estigmatizante transforma jornalistas, órgãos de imprensa, porta-vozes de movimentos sociais, pesquisadores, cientistas e lideranças políticas em inimigos da pátria e do povo, e vem acompanhado do uso de desqualificativos morais muito fortes. As mensagens dos governos não buscam discutir as opiniões emitidas por tais pessoas e organizações, mas diretamente desqualificar tanto as pessoas quanto as organizações, com a produção de discursos de ódio e linguagem bélica e de linchamento moral. Assim, o debate de ideias fica truncado e é substituído por desqualificação pessoal ou da instituição. A mobilização de exércitos de seguidores fanáticos nas redes sociais, bem como de robôs, dissemina tais conteúdos. Frequentemente as autoridades governamentais também divulgam informações acerca das pessoas envolvidas, como publicar o endereço onde residem ou o local onde trabalham, incentivando agressões. Com isso, os direitos básicos de liberdade de expressão, liberdade de crença e de consciência, bem como o direito de protestar e reclamar, ficam fortemente constrangidos, expondo as pessoas a risco de vida. Essa estratégia de desqualificação pessoal atinge fortemente mulheres, com o uso de termos pejorativos que agridem com severidade a imagem moral e profissional.

A segunda estratégia ocorre quando os governos ampliam as formas de controle social da circulação de informação, por meio da aquisição de tecnologias que permitem vigiar pessoas e organizações, disseminando o medo e o temor de emitir opiniões. Alguns exemplos são tecnologias de geolocalização ilegal, patrulhamento cibernético, rastreamento de celulares, reconhecimento facial, acesso a informações pessoais em bases de dados que deveriam ser sigilosas, bem como constrangimento do aparelho judiciário e das polícias para entrega de dados reservados sobre pessoas e organizações. O relatório destaca que, em muitos casos, servidores públicos, funcionários em cargos de representação política e agências de Estado comprovadamente utilizaram softwares maliciosos, conhecidos como malwares, que são programas ou códigos criados com a intenção de danificar, explorar ou obter acesso não autorizado a sistemas computacionais, dispositivos ou redes. Esses softwares podem assumir diversas formas e têm como objetivo principal comprometer a segurança e a funcionalidade dos sistemas que infectam, expondo o usuário a riscos e vazamento de informações de ordem pessoal.

A terceira estratégia é a judicialização da liberdade de expressão em torno a assuntos de interesse público, através de um abuso de ferramentas legais. Na tentativa de silenciar fatos de interesse público relevante, agentes de Estado multiplicam processos penais, abertura de inquéritos, sindicâncias administrativas, investigações sigilosas ou públicas, afastamento de servidores, medidas de coerção legal para impedir o exercício da profissão ou a possibilidade de manifestar ideias. As autoridades manejam os processos judiciais de forma que eles se tornem muito demorados e exista elevado custo financeiro para defender-se, dificultando que pessoas e organizações consigam manifestar as próprias posições e ter sucesso em sua defesa. Tal conjunto de ações tem sido chamado de litígio abusivo, pois não se trata de reivindicação legítima de direitos, mas sim de parte de uma estratégia ampla e deliberada para intimidar, distrair e silenciar críticas públicas. As autoridades públicas forçam o uso indevido e também abusivo das ferramentas legais, com a intenção de causar um dano irreversível e desigual em pessoas ou organizações. Nesse contexto, é bastante frequente que países aprovem legislação que aumenta as penas por difamação, atividade antiterrorista ou extremista, atentados à segurança nacional, espionagem, traição, divulgação de segredos de Estado, conspiração contra o Estado, colaboração com entidades estrangeiras, notícias falsas, desordem pública, crimes cibernéticos, entre outros dispositivos legais, com o objetivo de processar judicialmente jornalistas e meios de comunicação, conforme detalha o relatório. O relatório também identifica governos que multiplicam estratégias de controle financeiro de organizações de imprensa e do movimento social, no sentido de dificultar a vida administrativa e legal de tais pessoas e organizações.

O somatório das ações dentro das três estratégias apresentadas produz uma conjuntura de evidentes retrocessos na densidade democrática de países e governos, pois sufoca a liberdade de expressão e o direito de protestar e marcar desacordo com as narrativas do poder. A multiplicação de controles e processos, bem como as formas de vigilância e produção de discursos de ódio, terminam por cercear o espaço de participação pública. O papel de controle social e de fiscalização pública, exercido pela imprensa e pelos movimentos sociais, e a cultura do reconhecimento do pluralismo político e da diversidade ficam severamente atingidos. O exame dos dados produzidos nos quatro relatórios analisados nos dá boas indicações dos caminhos, atores sociais e estratégias utilizados por pessoas e grupos sociais que são contrários à democracia e investem no processo que chamamos de autocratização. Os elementos aqui levantados permitem pensar em proposições e dinâmicas de educação democrática, tanto na escola de educação básica quanto no Ensino Superior.

O exame dos atributos acima levantados, ao lado de muitos outros que constituem as bases de dados produzidas para dar corpo a cada um dos quatro relatórios apresentados, nos permite abordar a classificação que suporta o Relatório da Democracia 2024 (Nord *et. al.*, 2024), elaborado pelo Instituto V-Dem Variedades da Democracia. Conforme se discute em Bizzarro e Coppedge (2017), ao utilizar os dados dos relatórios do Instituto V-Dem, os países podem ser agrupados em uma escala de quatro principais posições: as democracias liberais, as democracias eleitorais, as autocracias eleitorais e as autocracias fechadas. Nas democracias eleitorais cidadãos e cidadãs têm direito a voto garantido em eleições livres e justas, mas não desfrutam de algumas garantias institucionais (como exercer controle social dos governos e da máquina pública), e lhes faltam muitas vezes direitos civis, sendo precárias a proteção das minorias e muitas das políticas públicas de cuidado. Nas democracias liberais a população tem à disposição um amplo conjunto de direitos fundamentais, o discurso dos direitos humanos é efetivo, e os direitos das minorias e das populações vulneráveis está garantido. Isso envolve a presença de políticas públicas de cuidado, em áreas como saúde, educação, previdência, segurança. Mesmo assim, como mostram os dados, o cobertor de proteção é bastante curto para as necessidades de uma larga população vulnerável. Uma autocracia eleitoral é um regime que não tem competitividade partidária real nem eleições livres e justas, embora elas possam ter um calendário regular de realização. Diversos mecanismos constrangem a participação da população, que tem grande restrição no leque partidário e na escolha de candidatos e candidatas. Nas autocracias fechadas não temos eleições livres e justas, dentre outros motivos porque elas não são competitivas, havendo um monopólio do poder em uma elite política ou até mesmo em um grupo restrito no entorno de um líder. Há casos em que o exercício efetivo do poder se faz em bases familiares, com parentes exercendo os principais cargos. Ferramentas como vigilância estatal, repressão política e manipulação da informação são usadas para consolidar e manter o controle. A diferença entre autocracias fechadas e eleitorais está no fato de que, nas autocracias fechadas, as eleições ou não existem, ou são completamente simbólicas, combinado isso com enorme redução de direitos civis e abandono das práticas dos direitos humanos. Já nas autocracias eleitorais há um calendário regular de eleições, mas estas ocorrem em um contexto em que há enormes dificuldades para a existência de candidaturas de oposição ao regime, além da possibilidade sempre presente da fraude eleitoral, por conta do monopólio do poder por grupos restritos.

Quando falamos em crise das democracias, pode ficar a impressão de que as democracias estavam anteriormente em plena saúde, e o nível de satisfação com elas era elevado. As chamadas democracias liberais enfrentam há décadas problemas em cumprir seus propósitos repetidamente anunciados de emancipação e felicidade. As populações vinham acumulando uma sensação de perda de poder aquisitivo, de insegurança generalizada, de ampliação dos empregos precários e constantes crises políticas, e vinham emitindo sinais de descontentamento. Centralmente, a informação apresentada de modo vigoroso nos relatórios acima, a saber, a sensação de não se sentir representado ou representada pelos poderes políticos, e um grau importante de concentração de poder, que se faz acompanhar da concentração econômica e da desigualdade, são os poderosos motores de tal descontentamento. Entretanto, a mídia dominante e associada ao grande capital, com a ajuda de cientistas políticos comprometidos com os valores da liberdade como mais importantes do que aqueles da igualdade, e com as práticas de concentração de renda e de riqueza, não apenas insistia em celebrar os sucessos das democracias liberais como chegou a prever que nenhum outro regime político surgiria, tornando-se a democracia liberal a única forma de organização política vigente:

> Em pouco mais de duas décadas, mudou de forma aguda a apreciação dominante sobre o futuro da democracia liberal, aquela praticada nos países do Ocidente. No começo dos anos de 1990 era anunciada sua vitória definitiva. O colapso do bloco soviético tinha liquidado o principal modelo alternativo de organização social até então vigente. Um veterano cientista político conservador, prudente, saudou a "terceira onda" de democratização, mais abrangente e profunda do que as anteriores (Huntington, 1991). Mas o espírito da época foi mais bem expressado por um acadêmico mais jovem e audaz, que não se furtou a anunciar o "fim da história", com a eternização da democracia liberal e de sua contraface necessária, a economia capitalista de mercado (Fukuyama, 1992) (Miguel, p. 8, 2021).

Para as populações vulneráveis, no caso brasileiro populações não brancas, população LGBTI+, mulheres, povos originários, população quilombola, jovens de classes pobres e muitos outros grupos, a Constituição Federal de 1988 e o período que denominamos de Nova República trouxeram ganhos e conquistas. Mas logo as conquistas encontraram limites, uma vez que eram baseadas na construção do cidadão consumidor, e não do sujeito cidadão atendido por políticas públicas de corte universal. A conquista da cidadania pela via do consumo – a classe pobre virando classe média, como muito se alardeou – ou então a conquista da cidadania pela via do empreendedorismo de si – ninguém mais teria patrão, todos teriam seu próprio negócio e poderiam gerir suas vidas profissionais como melhor entendessem – rapidamente mostraram seus limites. As democracias liberais cada vez mais passaram a ser percebidas como um governo dos ricos, das minorias, da concentração de riqueza e da impunidade:

> Mas no começo do século XXI já se multiplicavam as vozes céticas em relação à democracia triunfante. Com a derrota soviética na Guerra Fria, a parafernália liberal-democrática se espalhou pelo mundo, mas mostrando-se cada vez mais incapaz de cumprir suas promessas. Eleições, pluripartidarismo e divisão de poderes, sim, mas cadê a soberania popular? O governo seria "do povo", como está no nome de batismo da democracia, mas as decisões beneficiavam sempre uma minoria, levando a sociedades cada vez mais desiguais. Em meados da década de 2010, enfim, a percepção desse desarranjo democrático saiu das franjas mais críticas e chegou não só ao *mainstream* da Ciência Política como também ao jornalismo. Foi sobretudo a vitória de Donald Trump, nas eleições presidenciais estadunidenses de 2016, que alavancou o tema da "crise da democracia". Aquilo que era visto como uma disfuncionalidade às margens do sistema tornou-se o desafio cujo enfrentamento definirá o futuro de um arranjo político que pouco antes era saudado como definitivo e universal. Os best-sellers da ciência política anglo-saxã, nos últimos anos, ostentam títulos que são variações em torno do tema do "fim da democracia" (Levitsky; Ziblatt, 2018; Mounk, 2018; Runciman, 2018; Przeworski, 2019) (Miguel, p. 8-9, 2021).

É do interior desse contexto de história recente da noção de democracia – predominantemente da noção de democracia liberal – e das crises continuadas que assolam tais regimes democráticos no mundo, trazendo sinais evidentes de ascensão dos autoritarismos, que este livro faz esforços no sentido de trazer a educação democrática para o centro da cultura escolar, bem como das trajetórias no Ensino Superior. Conforme já comentado na apresentação, a educação democrática tem pela frente as difíceis tarefas de propor a crítica aos enormes limites da democracia liberal que ainda nos resta, de lutar contra a extrema-direita e contra os processos de autocratização em curso, e de provocar o imaginário político no sentido da construção de outras formas democráticas como utopias – capazes de mover as populações em direção ao futuro – que efetivamente promovam uma sociedade justa e igualitária. Em sintonia com as proposições de Chantal Moufe (2001, 2003, 2006), chamamos esse processo de radicalizar a democracia, embora guardando algumas diferenças com a autora, particularmente por nossa opção em direção a uma educação democrática pluriversal, que articula o conceito de pluriverso, conforme se discutirá no próximo capítulo. Ainda seguindo de perto as ideias de Chantal Moufe, pensamos em uma educação democrática que se ocupe com o movimento de tomar a democracia que temos, a democracia liberal, e radicalizar suas conquistas. Isso envolve entender a política como a arte de gestão do conflito, e a democracia como melhor modo de efetuar tal gestão. Envolve também pensar tal gestão do conflito como luta agonística, necessária, que torna a democracia efetiva e vibrante, mobilizando inclusive o terreno dos afetos alegres, aqueles da participação e do envolvimento na vida coletiva. Difundiu-se nas últimas décadas uma ideia simplista de que as práticas democráticas buscam simplesmente o consenso, entendido como a opinião da maioria, e que, uma vez conseguido tal consenso, o debate está encerrado. Mais ainda, a ascensão das extremas-direitas nas arenas políticas buscou transformar os que pensam diferente em inimigos, criminalizando suas opiniões. A educação democrática valoriza o dissenso, o reconhecimento das diferenças, o pluralismo e a diversidade, e considera que um regime democrático potente se fortalece com tais embates. Pode-se talvez dizer que a experiência mais importante da vida em sociedade é reconhecer o dissenso e criar estratégias de vida coletiva a partir dele. A vida em sociedade exige uma ordem, que é a ordem democrática, e não uma ordem autoritária.

Em sociedades como a brasileira, marcadas por forte desigualdade – econômica, racial, de gênero, de orientação sexual, de geração, de pertencimento religioso, de origem regional – e por enorme concentração de recursos nas mãos de poucos, pensar a democracia como gestão do dissenso é tarefa ao mesmo tempo complexa e absolutamente necessária. O projeto de sociedade das extremas-direitas é profundamente antidemocrático e sua realização implica reduzir os direitos civis, as liberdades fundamentais, as políticas públicas de cuidado e de emprego que atendem a maior parte da sociedade. A concepção de democracia que adotamos neste livro traz elementos para pensar, via educação democrática, possíveis respostas a perguntas difíceis. Como vamos organizar a sociedade? Se desejamos viver em conjunto e ampliar o espaço público, que instituições temos que desenhar? Ou vamos investir cada vez mais em modelos de cidade repletos de condomínios fechados e áreas privatizadas? Pensando na cultura escolar, que conjuntos de regras vamos criar para orientar a construção de um *modus vivendi* que respeite as diferenças e não gere mais desigualdade? Ao longo da trajetória escolar, valorizamos os aprendizados produzidos pelo convívio entre as diferenças, pela criação de estratégias de convivência que assumam que existe um "nós" e um "eles", mas "eles" não são inimigos, apenas pensam diferente de "nós", e o diálogo nesse dissenso é muito rico. Talvez não venhamos nunca a conseguir chegar a um consenso entre "nós" e "eles", mas vamos nos empenhar na construção de estratégias de convívio democrático, com liberdade e produção de igualdade, e isso exige o engajamento em uma democracia agonística, aquela que valoriza mais a gestão do dissenso do que propriamente a construção do consenso. A democracia que defendemos aposta em uma vida política que não se resume a criar mecanismos para gerir o mundo que existe. O envolvimento na atividade política mobiliza atitudes, valores, comportamentos, crenças e ajuda a desenhar novos imaginários políticos para o mundo, com implicações no presente e no futuro.

As democracias liberais hoje existentes se veem ameaçadas pelo que chamamos de processos de autocratização, conduzidos por agrupamentos políticos de extrema-direita. A partir de suas propostas e de ações realizadas em países em que tais grupos já estiveram no poder, podemos desenhar algumas de suas características. O viés autoritário é visível nos esforços para reduzir a densidade democrática a partir do exercício do governo, editando leis que criminalizam os protestos, limitam a liberdade de expressão, criam organismos de controle e vigilância. Também são governos que investem no punitivismo policial e judicial, muitas vezes chamado de "tolerância zero", sempre se concentrando nos delitos cometidos pelas camadas mais pobres da população, dificilmente contra os chamados "crimes do colarinho branco". São governos que se opõem fortemente às políticas públicas de reconhecimento e valorização da diversidade, bem como às políticas de reparação histórica – como é o caso das políticas de reserva de vagas no Brasil para pessoas negras e pardas, enfatizando a seleção pelo critério exclusivo dos méritos individuais. Tal ênfase gera o que tem sido chamado de meritocracia. Em uma primeira vista, a seleção de pessoas exclusivamente por seus méritos individuais parece ser o método mais justo. Entretanto, uma ideologia que não reconhece que nem todos têm as mesmas oportunidades e que desconhece as enormes desigualdades estruturais, como condições iniciais de vida, privilégios herdados, barreiras sociais, discriminação pela cor da pele, pelo gênero e pela orientação sexual, situações de pobreza e outros agravos de vulnerabilidade social, leva fatalmente à manutenção das hierarquias sociais injustas. Novamente, a ideia de igualdade é abandonada em favor da noção de gestão das competências individuais, conforme se discute em Markovits (2021), em livro sugestivamente intitulado *A cilada da meritocracia: como um mito fundamental da sociedade alimenta a desigualdade, destrói a classe média e consome a elite.* No livro que tem por título *A tirania do mérito: o que aconteceu com o bem comum?* (Sandel, 2020), o autor analisa os impactos do discurso da meritocracia no ataque aos valores democráticos e à noção de bem comum. A culpa pelo insucesso ou os méritos do sucesso são atribuídos totalmente aos esforços individuais. Um relatório publicado no início do ano de 2025 mostrou que a maior parte da fortuna dos bilionários do planeta não é oriunda exatamente de sua dedicação ao trabalho ou por conta do mérito próprio:

> A maior parte da riqueza dos bilionários é tomada, não conquistada – 60% vêm de herança, favoritismo e corrupção ou poder de monopólio. Nosso mundo extremamente desigual tem uma longa história de dominação colonial que beneficiou amplamente as pessoas mais ricas. Os mais pobres, as pessoas racializadas, as mulheres e os grupos marginalizados foram e continuam sendo sistematicamente explorados a um custo humano enorme (OXFAM Brasil, 2025, p. 5).

A ênfase desmedida na meritocracia vem combinada com o ataque aos movimentos sociais das minorias. Isso explica o violento antifeminismo da extrema-direita, a celebração da família dirigida pelo homem e com submissão da mulher, bem como a tentativa de caracterizar a população LGBTI+ como doente mental, propensa aos crimes e moralmente degradada. Do mesmo modo, são frequentes as demonstrações de racismo contra as populações não brancas e a tentativa de situar os imigrantes como portadores de todos os vícios sociais, bem como responsáveis por todos os problemas de trabalho, segurança e saúde do país. Nos países em que a extrema-direita assumiu o poder, leis foram promulgadas contra todos esses grupos sociais minoritários, e políticas de reparação histórica foram canceladas ou reduzidas. Outra característica dos ataques à democracia é nomear como comunistas obras teatrais, filmes, currículos, exposições, partidos políticos e lideranças de movimentos sociais, obras literárias e tudo o mais que não concordar com princípios neoliberais. Dessa forma, se agita o velho fantasma dos comunistas escondidos no meio da população, à semelhança do movimento macarthista. O macarthismo foi um movimento político e cultural que ocorreu nos Estados Unidos pós-Segunda Guerra Mundial, durante a chamada Guerra Fria, muito forte nos anos de 1950, marcado por uma intensa caça às bruxas contra supostos comunistas e outros indivíduos considerados "subversivos". As acusações sem prova, baseadas apenas em opiniões e delações, deram origem a perseguições que destruíram a carreira de muitas pessoas, bem como de instituições de pesquisa, ensino, comunicação e produção cultural. Tal movimento ameaçou a democracia norte-americana na medida em que coibiu a liberdade de expressão e de manifestação, forçando cidadãos e cidadãs norte-americanos a emigrarem.

Outra estratégia do ataque à democracia é a insistência no nacionalismo, em um viés autoritário e excludente. O partido que toma o poder passa a afirmar que ele é a pátria, ele é a nação, e frequentemente usa as cores nacionais como cores de seu partido. Toda crítica às ideias e proposições do partido no poder é então interpretada como falta de patriotismo, falta de nacionalismo, e traição à pátria. Em geral, o patriotismo afirma que o país teve um passado glorioso e deve então retornar aos valores desse passado. A isso se combina um sentimento de xenofobia contra imigrantes e estrangeiros, conforme já abordamos, que passam a ser vistos como origem de todos os males do país. Os habitantes do país que discordam de posições do governo ou do partido no poder são, então, "convidados" a se retirar, pois discordar é percebido como falta de amor à pátria. *Slogans* como "Brasil, ame-o ou deixe-o", uma das marcas do período da ditadura civil-militar brasileira de 1964 a 1985, revelam uma postura excludente e autoritária, não admitindo que se pode amar o país e discordar das posições tomadas pelo governo. O nacionalismo e o patriotismo, quando usados contra os regimes democráticos, são frequentemente associados ao militarismo, fazendo crer que são as forças militares aquelas portadoras das maiores doses de amor à pátria. Por conta disso, deveriam governar a pátria. Em todas as experiências militaristas que tivemos no mundo, à direita e à esquerda, a democracia se viu consideravelmente reduzida.

Concluindo esta lista de características e estratégias das quais a extrema-direita se vale para enfraquecer ou eliminar a democracia nos países onde ela governa, temos os ataques ao caráter laico do Estado. Embora desde a Revolução Francesa tenhamos vivido no mundo um processo de secularização dos regimes políticos, com a separação entre Estado e Confissões Religiosas, temos no Brasil hoje em dia grupos religiosos de matriz cristã que advogam a teoria que ficou conhecida como "teologia do domínio". Tal proposição teológica defende que tanto a esfera pública - o Estado, as políticas públicas, o espaço público, a educação pública - quanto a esfera da vida privada - a gestão do lar, o casamento, a formação educativa no âmbito da família, as decisões reprodutivas - devam estar subordinadas aos preceitos religiosos. Essas proposições estimulam a intolerância religiosa, trazem a ideia de que todos os habitantes de um país deveriam seguir a mesma religião, confundindo nacionalidade com pertencimento religioso. A separação Estado e Confissões Religiosas é uma garantia da democracia, permitindo que cada pessoa faça adesão à religião que lhe parece mais adequada e seja respeitada em sua escolha, respeitando igualmente a escolha das demais pessoas. Nenhum grupo religioso deve impor sua religião sobre os demais, o pertencimento religioso é decisão livre e individual, e pode ser modificada se a pessoa assim decidir em qualquer momento de sua vida.

O regime democrático tem como princípios maiores as noções de cidadania e de dignidade da pessoa humana. Elas implicam o direito de cada ser humano ser tratado pelos outros como igual e exige a obrigação dos e das governantes de serem responsáveis diante do conjunto dos membros da sociedade. Se pensamos nessa noção do tratamento como igual, com facilidade verificamos que não há país no mundo que tenha atingido tal patamar. Basta ver que as mulheres não têm, em nível nacional, em lugar algum do mundo, representação política idêntica àquela dos homens. Sob muitos outros aspectos a situação se repete. A proposta de radicalizar a democracia passa por estabelecer tais horizontes políticos como desejáveis, bem como metas para que se caminhe nessa direção. O conceito de pluriverso e a noção de uma educação democrática de caráter pluriversal acolhem nossos desejos políticos em torno da radicalização da democracia. Há outras estratégias e características dos ataques promovidos contra a democracia que serão desenvolvidas no quarto capítulo, ao apresentarmos as proposições para ações pedagógicas envolvendo a educação democrática. Escolher com base em um contexto de desinformação não ajuda a construir a democracia. E a tarefa da escola é informar, educar e estabelecer processos de sociabilidade baseados no diálogo, no respeito e na troca de experiências. Nisso consiste uma tarefa central da educação democrática. No caso do Brasil, elementos do pensamento político latino-americano constituem um ingrediente de nosso pensar em torno da democracia e da educação democrática.

2
Uma proposta de educação democrática pluriversal a partir dos territórios latino-americanos

> [...] a consciência da possível destruição da vida no planeta dá a essa tensão uma dinâmica específica para o momento histórico atual: se, antes desse senso de crise, "o mundo dos poderosos" – vamos chamá-lo assim, e entender que significa, seguindo a declaração zapatista, um mundo onde apenas um mundo cabe – podia negar a destruição da vida que ele efetuou, esse não é mais o caso. O mundo dos poderosos agora é sensível à plausibilidade de sua própria destruição de uma forma que pode ser comparada, pelo menos em alguns aspectos, com a ameaça imposta a mundos condenados ao desaparecimento em nome dos bens comuns do progresso, civilização, desenvolvimento e inclusão liberal. Muito poucos, se houver, leitores da *Nature* podem atualmente negar que o planeta está sendo levado por um caminho perigoso. Todos nós compartilhamos, como diz Crutzen,

> *terra incógnita*. Esta é uma nova condição: agora os colonizadores estão tão ameaçados quanto os mundos que eles deslocaram e destruíram quando tomaram conta do que chamaram de *terra nullius* (De La Cadena; Blaser, 2018, p. 2-3).

No primeiro capítulo do presente livro focamos os dados que indicam que estamos vivendo uma "crise da democracia". Neste segundo, iniciamos com uma citação que nos remete à "crise climática" e à consequente consciência da possível destruição da vida no Planeta Terra. Ambas as crises são políticas no sentido de que são consequências da ação humana. O termo "Antropoceno" foi cunhado para fazer referência à era em que os humanos se tornaram uma força geológica capaz de destruição planetária (De La Cadena, 2018, p. 100). Arturo Escobar vai mais longe e aponta que essas são facetas de uma crise orgânica: "crise planetária, crise civilizacional ou uma crise climática, energética, de pobreza e desigualdade, e de significado" (Escobar, 2020, p. XI). Encarar, verdadeiramente, a consciência da possível destruição da vida no nosso planeta coloca o enfrentamento coletivo da crise orgânica, especialmente na sua dimensão climática, como parte de qualquer reflexão consequente sobre os desafios políticos e educacionais da nossa era. O presente capítulo tem o objetivo de propor uma concepção do que é uma "educação democrática" que tem como um dos seus elementos vitais o enfrentamento da crise orgânica que vivemos no Antropoceno.

A primeira parte do capítulo, intitulada "A educação democrática no contexto de crise da democracia", tem como objetivos: fazer um histórico da apropriação, no contexto brasileiro, do conceito de educação democrática; apresentar as diferentes concepções do conceito delimitadas numa revisão bibliográfica elaborada pela pesquisadora Edda Sant; e explorar a possibilidade de uma concepção do conceito que possa contemplar a especificidade e a pluralidade das lutas educacionais nos territórios latino-americanos. Defendemos que um elemento que pode reunir as diferentes lutas enraizadas na enorme pluralidade dos territórios latino-americanos é justamente o enfrentamento à herança nefasta do processo de colonização, que afetou todo o continente, por mais diverso que ele seja. E nossa resposta à tentativa de impor uma cultura europeia "universal" será sintetizada na proposta de um "pluriverso" - que pode mobilizar o aforismo zapatista do "mundo onde cabem muitos mundos" como sua definição mais sintética.

A educação democrática pluriversal, na nossa proposta, pode ser compreendida na convergência da relacionalidade radical e da radicalidade relacional, que serão debatidas, respectivamente, na segunda e na terceira partes do capítulo. A segunda, intitulada "Radicalmente relacional: a abertura pluriversal de novos horizontes de ação", tem como objetivo apresentar a relacionalidade radical através da contraposição de "O mundo de apenas um mundo - uma concepção dualista do real" e "O mundo onde cabem muitos mundos - o pluriverso e a relacionalidade radical", e conclui com o debate sobre as comunidades e os (in)comuns. A terceira parte, intitulada "Relacionalmente radical: perspectiva ecológica da organização política", apresenta a radicalidade relacional como pensada na perspectiva ecológica da Teoria da Organização Política proposta por Rodrigo Nunes. Nosso argumento é que essa teoria nos oferece um referencial importante para pensar as estratégias políticas e pedagógicas voltada para as transições pluriversais. A última parte, intitulada "Educação democrática pluriversal", entrelaça a relacionalidade radical e a radicalidade relacional para delinear nossa proposta de uma concepção pluriversal do conceito de educação democrática. Partimos da pergunta sobre quais pistas poderíamos mobilizar para pensar em pedagogias pluriversais; nos questionamos sobre a possibilidade dessas pedagogias no âmbito de instituições modernas; e concluímos com a reafirmação dessa possibilidade e a proposta da educação democrática pluriversal como um espaço da "articulação negociada entre mundos heterogêneos enquanto lutam por aquilo que os faz ser quem são" (De La Cadena; Blaser, 2018, p. 4).

2.1 A educação democrática no contexto de crise da democracia: o histórico de uma apropriação do conceito de educação democrática

A teorização é o processo usado para criar um corpo de conhecimentos (uma teoria) que ajuda a compreender algum determinado fenômeno. Patricia Hill Collins defende que a teorização crítica está ancorada em projetos de conhecimento resistentes que "são guiados menos pela questão de se devemos ou não resistir aos arranjos de poder prevalecentes e mais pela indagação sobre as formas que essa resistência poderá ter" (Collins, 2022, p. 168). Isso acontece porque se trata de uma teorização crítica via práxis: são as pessoas que estão sofrendo alguma forma de violência teorizando sobre as suas práticas de resistência. O termo "crítica" remete a esse compromisso ético inegociável com a transformação da desigualdade social; e o termo práxis, a essa indissociabilidade entre ações e ideias. A autora fala na ação social como uma forma de teorizar que valoriza a experiência como fonte de discernimento, e as teorias não são ideias testadas na ação (Collins, 2022, p. 169-170). Nós, os autores do presente livro, gostaríamos de concordar com a autora e complementar que a teorização organiza nossa compreensão dos fenômenos com base nessas experiências e nos ajuda a aprender com as experiências de outros grupos e pensar novas estratégias para serem colocadas em prática. O presente capítulo constitui um esforço nesse sentido.

Seffner e Penna (2024) delineiam, mobilizando as reflexões de Collins, uma teorização em educação democrática. Essa teorização seria crítica, no sentido delineado acima, e interseccional, porque compreende que diferentes relações de opressão estão interconectadas e se constituem mutuamente. Eis a formulação da proposta:

> Gostaríamos de traçar um paralelo entre essa proposta e uma forma de teorização crítica [e interseccional] na educação democrática – ou seja, um determinado processo usado no desenvolvimento de explicações sobre o fenômeno educacional com foco na sua dimensão democrática. Essa forma de teorização é indissociável de um projeto de conhecimento resistente: no caso da teorização crítica na educação democrática, foi constituído em oposição a uma forma de violência contra a educação que se fortaleceu no Brasil na década de 2010, tendo como ponto nodal a proposta de uma "escola sem partido" (Seffner; Penna, 2024).

As lutas que resistem a essa nova configuração da violência contra a educação e os educadores, a partir de 2010, são múltiplas. Podemos falar, usando um conceito que será apresentado neste capítulo, de uma ecologia de movimentos de resistência contra: a proposta de uma "escola sem partido", a falácia da "ideologia de gênero", as "reformas" do Ensino Médio, a precarização do trabalho docente etc. O Brasil e o mundo viveram, e continuam vivendo, um fortalecimento da extrema-direita, com seus ataques à democracia (descritos no capítulo anterior) e a qualquer esforço para a redução das desigualdades sociais. Nesse sentido, a educação e os educadores constituíram alvos estratégicos para o discurso de ódio (Penna; Aquino; Moura, 2024) e para a mobilização política do pânico moral (especialmente mobilizando fantasias perversas em torno do "gênero"). No âmbito dessa ecologia de lutas pelo direito à educação, uma estratégia, especialmente voltada para o enfrentamento da "escola sem partido", de mobilização da bandeira da "educação democrática" foi colocada em prática. Penna, no capítulo "Construindo estratégias para uma luta pela educação democrática" (2018), justificou assim a escolha:

> O termo "educação democrática" apresenta enorme potencial hegemônico, pois quem seria contra a educação democrática? Precisamos fixar alguns sentidos desse termo que não estão abertos à negociação: uma educação que não se reduza à qualificação para o trabalho, o combate às diferentes formas de opressão que levam à exclusão de muitos jovens do cotidiano escolar e a valorização do profissional da educação. No entanto, para reforçar o potencial hegemônico da bandeira "educação democrática", é importante manter, em alguma medida, o caráter de significante vazio do termo. Defini-lo meticulosamente reduziria o seu poder de incorporar uma totalidade que o excede e articular diferentes lutas pela escola pública. A "educação democrática" não pode ser previamente definida por qualquer um que seja, porque essa definição estaria irremediavelmente vinculada ao seu contexto de produção. Cada sociedade precisa discutir constantemente quais devem ser os objetivos da educação escolar frente aos desafios colocados por cada contexto histórico (Penna, 2018, p. 128).

A escolha do termo, justificada dessa maneira, demonstra a indissociabilidade entre a teorização e as estratégias de luta. A "educação democrática" é, simultaneamente, um conceito acadêmico e uma bandeira política; e, em se tratando de uma teorização crítica e interseccional, não poderia ser diferente. Essa estratégia de luta pela educação democrática se materializou em várias iniciativas: na criação do "Movimento Educação Democrática" em 2016, na "Ação Educação Democrática" conduzida pela ANPEd em 2018, na criação do "Núcleo de Estudos em Educação Democrática" em 2019, na atuação do "Observatório Nacional da Violência contra Educadoras/es" a partir de 2023, e na oferta do curso "Educação democrática e enfrentamento das violências" em 2025. Mas a citação acima também revela outro elemento dessa estratégia, que é praticar a "educação democrática" como um espaço de articulação de lutas em defesa do direito à educação. Isso implica reconhecer em outras lutas e/ou pesquisas o que nós chamamos de "educação democrática", mesmo quando elas não fazem uso do termo. Tal escolha tem um efeito político – a proposta de mais um espaço de articulação das lutas na ecologia dos movimentos nesse campo – e um efeito de pesquisa – o desafio de articular as produções reunidas sob outros conceitos e investigar as práticas que podem ser enquadradas sob essa rubrica. O Núcleo de Estudos em Educação Democrática (Need) propôs uma definição, ainda que provisória, para nos ajudar a pensar o foco da pesquisa sobre as práticas de educação democrática. A proposta do Need é que o foco das pesquisas no campo da educação democrática esteja nas práticas que ampliam ou reduzem a densidade democrática de uma determinada comunidade educativa (Penna; Aquino; Moura, 2024, p. 5-6). Essa definição evita o risco de a produção no campo adotar um tom normativo, de uma lista fechada de práticas a serem adotadas independentemente do contexto para uma instituição alcançar o rótulo de "democrática":

> Consideramos potente esse foco para o campo de estudos em educação democrática – o trabalho com as práticas que aumentam ou diminuem a densidade democrática – porque ele evita o caráter normativo de preestabelecer uma lista de práticas a serem seguidas e foca a realidade cotidiana das comunidades educativas; insiste na importância de compreender também as práticas antidemocráticas para melhor combatê-las; e, ao trabalhar com a noção de comunidades educativas, abre espaço para a discussão de experiências não institucionalizadas e a abordagem tanto da educação básica como da educação superior (Penna; Aquino; Moura, 2024, p. 6).

A proposta delineada acima dialoga especialmente com autores do campo da pedagogia crítica, como Gandin e Apple (2002) ao tratarem da densidade democrática e bell hooks (2021) com seu debate sobre as comunidades de aprendizagem. Essa constatação não deve nos surpreender em se tratando de uma forma de teorização crítica e interseccional, mas nos situa em uma determinada concepção de educação democrática. Agora é preciso compreender quais são essas diferentes concepções e seus desdobramentos para nossa proposta no presente livro.

2.1.1 Diferentes concepções de educação democrática

A brevíssima síntese aqui apresentada deve muito à produção de dois autores do campo da educação democrática: Edda Sant e Gert Biesta. Sant elaborou uma revisão sistemática sobre a produção usando o conceito de educação democrática em artigos publicados em língua inglesa (2019) e escreveu um livro, intitulado *Political education in times of populism: towards a radical democratic education* (2021), no qual retoma e reelabora essa revisão. Vamos mobilizar em especial a sistematização proposta no livro, que organiza as diferentes concepções de educação democrática de acordo com a forma como mobilizam a educação política. Mas, quando falamos da relação entre educação e política, do que estamos falando?

> [...] a única coisa que sabemos com certeza é que a educação política, seja aberta ou encoberta, intencional ou não, é inevitável. Todas as comunidades investem em modos específicos da boa vida, para facilitar o florescimento da vida humana. A política nos permite negociar e regular as posições variadas em qualquer comunidade que compartilhe a mesma visão de mundo, e mediar entre comunidades com entendimentos separados sobre o que é a boa vida. Consequentemente, a educação política tem a tarefa de distribuir significados compartilhados, incluindo aqueles relacionados a mecanismos de mediação; a educação política é necessária para a sobrevivência de qualquer comunidade, apesar das ameaças externas e internas. A educação política é inevitável; acontece seja planejada ou não (Sant, 2021, p. 3).

O termo "educação política" pode ser compreendido de diferentes formas. Uma primeira distinção se faz entre o processo que acontece de maneira geral na sociedade e aquele que tem lugar nas escolas. E, mesmo que pensemos somente nesse âmbito mais restrito, ele pode remeter a uma área/disciplina delimitada do currículo ou a uma dimensão que atravessa toda vivência escolar. Talvez a melhor forma de equacionar essa pluralidade de sentidos seja pensar que a formação cidadã (*civic learning*) se dá em todos os âmbitos da vida e tem, na instituição escolar, um espaço privilegiado para a vivência de experiências positivas com a democracia e a reflexão sobre as experiências vividas em todos esses espaços (Biesta, 2011). A educação política pode acontecer em outros espaços, mas tem na escola um local privilegiado; afinal de contas, que outra instituição recebe a quase totalidade dos cidadãos durante um período tão longo da sua formação?

A democracia, enquanto uma forma de viver em comum, tem relação direta com educação política. Existem vários modelos para se pensar a democracia (agregativo, deliberativo, agonístico etc.), e a cada um deles correspondem diferentes concepções de educação democrática. O próprio termo "educação democrática" está em disputa e é apropriado inclusive por atores do campo neoliberal que, na perspectiva de teoria crítica, reduzem a densidade da democracia com seu individualismo e sua competitividade. Uma forma de mapear toda essa complexidade (e apresentar muito sumariamente as diferentes concepções de educação democrática) é agrupando-as através das diferentes versões da educação política sob a qual elas convergem. Edda Sant afirma que cada uma das concepções de educação democrática corresponde a uma abordagem específica da educação política, com suas tradições e recomendações. No entanto, existem convergências na maneira como essas abordagens conceitualizam a natureza da democracia e o papel da educação política nas sociedades democráticas. A autora propõe uma distinção entre versões (a) restritas, (b) fortes e (c) fracas/abertas da educação política, que agrupam as diferentes concepções de educação democrática: (a) neoliberal; (b) liberal, deliberativa e parte da crítica; (c) outra parte da crítica, participativa, agonística e decolonial.

A *educação política restrita* está vinculada a uma *concepção pragmática da democracia*: a redução desta última a um sistema regulado que, no caso do neoliberalismo, segue o modelo das regras do mercado. O modelo para pensar a democracia é o *agregativo* e a *concepção de educação democrática é a neoliberal*. A dimensão política da educação é negada ou reduzida à promoção do empreendedorismo. Ou seja, a educação política é restrita. Pode gerar estranheza falar em uma educação democrática neoliberal, mas se trata apenas de reconhecer que grupos que operam sob as premissas do neoliberalismo entram na disputa pelo termo. Veremos que a educação democrática crítica se define, em grande parte, em oposição ao neoliberalismo. A *educação política forte* é associada a uma concepção aspiracional da democracia, descrita da seguinte maneira por Edda Sant:

> Essas abordagens aspiracionais à democracia são muito sustentadas pelas normas e práticas socioculturais que frequentemente definimos como modernidade. A modernidade é enquadrada por seis princípios que definem o que é uma vida boa: individualismo, razão, produtividade, universalidade, hierarquias e uma maneira linear de pensar. A lógica é que a história da humanidade é linear e progressiva: estamos gradualmente nos movendo em direção a um sistema melhor e mais democrático que também é mais próspero. Este sistema melhor se manifesta na conjunção de princípios igualitários e libertários. Há uma suposição de que haverá um tempo no futuro em que todos os indivíduos serão mais produtivos, pois serão capazes de exercer sua própria vontade e isso nos levará a uma sociedade em que as necessidades de cada membro da comunidade humana serão satisfeitas. Dignidade e prosperidade, ambas juntas, de fato. Simultaneamente, a modernidade pressupõe que os humanos são individualistas por natureza e que as comunidades foram constituídas apenas porque os indivíduos aceitaram tacitamente um con-

> trato social para regular as relações sociais. Nessa perspectiva, os direitos individuais têm prioridade sobre qualquer concepção de bem comum, e o florescimento humano é concebido em termos individualistas. A boa vida moderna é sustentada por uma compreensão de que a transformação e a autonomia dos indivíduos são inerentemente boas (Sant, 2021, p. 28-29).

A concepção aspiracional da democracia, marcada pela colonialidade, está vinculada à *educação política forte*, que, segundo Biesta (2009), acredita poder estabelecer um controle seguro para garantir, em boa medida pelo menos, os resultados esperados e busca diminuir a abertura para evitar riscos ao processo. Vinculada a ela temos as concepções liberal, deliberativa e parte da crítica. O *modelo liberal* da democracia está assentado sob uma ideia de racionalidade kantiana e seu potencial emancipatório na busca da verdade. O *modelo deliberativo* da democracia insiste no aspecto formal da deliberação como maneira de garantir decisões justas. Esses modelos, assim como as concepções de educação democrática inspirada por eles, não enfrentam, de maneira geral, o problema da desigualdade social e a maneira como ela impacta os processos sociais e educativos. Obviamente essa é uma generalização e, diferente do caso do neoliberalismo, um estudo realizado no campo da educação democrática deliberativa, por exemplo, pode buscar incorporar a questão da desigualdade social. Os educadores, nas formas abertas/fracas de educação política, buscam práticas pedagógicas que não impedem os encontros com a diferença e as oportunidades para que os educandos se manifestem como sujeitos (Biesta, 2009). É uma concepção muito próxima da discussão que faremos sobre a dimensão política da pedagogia e a dimensão pedagógica da política. Ela está vinculada à defesa de uma democracia aberta:

> Aqueles que defendem a democracia aberta acreditam firmemente que a democracia é sempre aberta. Nenhum sistema poderia se fechar a um extremo de suprimir todas as outras formas de ser. Sempre teremos uma oportunidade, mesmo que isso seja arriscado, de levantar nossa voz e questionar o *status quo*. Democratas abertos também questionam as possibilidades de reconciliar prosperidade e dignidade individual e coletiva da maneira como os democratas aspiracionais fazem. Se a vontade individual e a coletiva pudessem se mapear, e a paz e a estabilidade pudessem ser garantidas, nos encontraríamos em uma forma totalitária de política. A institucionalização total fecharia as possibilidades de novos futuros a um extremo tal, que a aspiração moderna de uma futura democracia ideal é, dessa perspectiva, vista como distópica e antidemocrática. Supondo que chegaríamos a um destino final, o que nos restaria para decidir? (Sant, 2021, p. 31).

A proposta que apresentaremos no presente capítulo se alinha com a educação política fraca e a democracia aberta e, por isso, tem um diálogo muito próximo com as concepções de educação democrática situadas, pelo menos em parte, nesse campo: participativa, agonística, crítica e decolonial. A concepção participativa foca, como o nome indica, a questão do engajamento público e dialoga especialmente com as obras de John Dewey e Hannah Arendt. A concepção agonística está baseada especialmente no modelo agonístico de democracia elaborado por Chantal Mouffe, incorporando também, de maneira significativa, a produção de Jacques Rancière sobre o dissenso. Esse modelo se concentra na incorporação produtiva da dimensão do conflito (*agon*) no campo da política. Autores importantes para o campo da Educação Democrática como Gert Biesta transitam entre essas duas concepções. Parte da produção do Núcleo de Estudos em Educação Democrática (Need-UFF) está no campo da produção agonística. O Need, na última tentativa de síntese provisória dos seus debates, situou a sua produção no campo da educação democrática crítica. Eis a forma como Edda Sant sintetiza essa produção:

> Educadores críticos buscam a igualdade e a transformação social. Democratas críticos são preocupados com os déficits dos sistemas agregativo e liberal por reproduzirem a desigualdade e as relações de poder existentes. A maior parte das democracias existentes, eles argumentam, funciona como versões pouco densas da democracia nas quais a sociedade é atomizada em indivíduos cujas vozes são confinadas ao sistema de mercado, limitando as possibilidades para mudanças sociais reais (Carr, 2008; Lim, 2011; Menashy, 2007; Veugelers, 2007). Contra essa democracia pouco densa definida em termos de escolhas, individualismo e pelo *status quo*, democratas críticos defendem uma democracia normativa densa na qual todos os humanos têm oportunidades iguais e reais de ser agentes da transformação social (Carr, 2008; Hatzoloulos, 2015; Lim, 2011). A transformação social não é concebida como neutra, mas, ao contrário, como comprometida com o valor da igualdade que sustenta as demandas éticas do educador democrático crítico (Sant, 2019, p. 674-675).

A descrição acima é muito próxima da discussão apresentada neste capítulo. No entanto, Edda Sant afirma que parte da produção desse campo opera com a lógica da educação política forte (democracia aspiracional); e outra parte, com a educação política fraca (democracia aberta). Isso revela que, muitas vezes, o compromisso ético com a transformação social pode levar a propostas pedagógicas mais normativas e fechadas. Nosso debate, que está situado numa perspectiva crítica, quer tensionar o nosso campo no sentido da defesa de uma democracia aberta por meio do diálogo com a produção latino-americana.

2.1.2 Uma educação democrática característica dos territórios latino-americanos?

Edda Sant, no seu artigo original de revisão, havia falado em uma educação democrática multicultural, dentro da qual estavam incluídas perspectivas pluralistas de cunho liberal e a teoria decolonial. No seu livro já citado de 2021, ela muda um pouco o foco ao tratar de diferentes abordagens para a questão da democracia e opta por abandonar o multiculturalismo e focar a teoria decolonial (Sant, 2021, p. 17). Na sua descrição da teoria decolonial, cita Aníbal Quijano, Walter Mignolo e Boaventura de Souza Santos, além de um único artigo de Vanessa de Oliveira Andreotti (2010) sobre a decolonialidade e as pedagogias do desaprender. Parece-nos óbvio que existe um reconhecimento da importância da teoria decolonial, mas o desenvolvimento de uma discussão sobre a educação democrática, mobilizando esse conceito e dialogando com a produção latino-americana, constitui um desafio ainda por enfrentar. Vale ressaltar a dissertação da professora Stephanie di Chiara Salgado (que atualmente é a vice-líder do Need-UFF), intitulada *[Re]Considerando a educação ambiental e a educação democrática a partir da decolonialidade: um estudo sobre a Escola Democrática de Huamachuco* (2020), que dialoga com a produção do nosso grupo de pesquisa e avança no sentido das reflexões aqui propostas.

Pensar a teorização crítica e interseccional em educação democrática vinculada a projetos de conhecimento resistente e suas lutas nos mais diversos territórios poderia nos levar a uma negativa de qualquer tipo de descrição de uma perspectiva latino-americana única em abstrato, e não é essa a nossa proposta de forma alguma. Defendemos que um elemento em comum às diferentes lutas enraizadas na diversidade de territórios latino-americanos é justamente o fato de esses territórios terem sido ocupados no brutal processo de colonização. As respostas à colonialidade, ontem e hoje, podem ser reunidas sob o termo "pluriverso" – o mundo onde cabem muitos mundos. Nossa proposta no presente capítulo é enfrentar o desafio de pensar o que seria uma educação democrática pluriversal, e nossa abordagem será compreendê-la através da convergência entre o radicalmente relacional e o relacionalmente radical.

2.2 Radicalmente relacional: a abertura pluriversal de novos horizontes de ação

2.2.1 "O mundo de apenas um mundo" – uma concepção dualista do real

O artigo intitulado "O que está errado no mundo de um mundo?", escrito por John Law (2015), sintetizou a questão. Nele o autor retoma a questão dos povos originários que viviam nos territórios hoje reunidos sob o nome Austrália e como eles foram expulsos dos lugares que habitavam. A justificativa jurídica para essa exclusão era a doutrina da *terra nullius*: indicando que os povos originários não se fixaram naquelas terras, não as cultivavam e não as repartiram – portanto, elas estavam vazias. A questão é que tais povos originários viviam essas relações de maneiras diferentes. Para eles, a terra não é uma superfície com determinadas características que pode ser ocupada por pessoas. A terra é um processo de criação e recriação contínuo. Tudo que faz parte desse mundo também participa desse processo contínuo de recriação. Se o processo parar, o mundo vai se esvaziando e também deixará de existir. Ou seja, a terra não pertence às pessoas, são as pessoas que fazem parte da terra. No pensamento moderno europeu: o mundo está fora de nós e nós estamos contidos nele; o mundo continua por si só, e não são as pessoas que o criam e recriam com as suas práticas; o mundo é como uma caixa de espaço-tempo que continua por conta própria. A grande questão, com enormes implicações políticas, é como compreender encontros desse tipo: Estamos lidando com uma questão de diferentes crenças ou uma questão de diferentes realidades?

> Se dissermos que os povos originários acreditam em uma coisa e nós acreditamos em outra, então podemos não perceber que estamos fazendo isso, mas, na verdade, estamos comprando uma versão da doutrina *terra nullius*. Isso ocorre porque estamos dizendo que o mundo (ou mesmo o universo) é realmente algo como uma grande caixa de espaço-tempo que continua por si só. E então estamos acrescentando que há pessoas com diferentes crenças ou culturas vivendo nessa caixa de espaço-tempo. Se formos liberais, respeitaremos as diferenças e não tentaremos impor nossa própria versão do mundo àqueles que o veem de forma diferente. Mas mesmo assim, e por mais legais que sejamos, não abandonamos nosso compromisso básico com a ideia de uma única realidade abrangente. Nem realmente paramos de presumir que os povos originários erraram. A ideia deles, a ideia de que o mundo é um conjunto de práticas de criação diferentemente tecidas, específicas e heterogêneas, é uma história, mas não é como as coisas realmente são (Law, 2015, p. 127).

Law coloca a questão de maneira incisiva: entender esse encontro como o contato de diferentes crenças é aderir, em alguma medida, à doutrina da *terra nullius*. É viver o "mundo de apenas um mundo". Viver encontros como esse, com o contato entre diferentes realidades colocadas em prática de diferentes maneiras, implica destacar a sua dimensão ontológica. Essa posição é radical em termos analíticos porque trata os reais como efeitos de configurações de relações (contingentes e heterogêneas) colocadas em prática de diferentes formas. E também é radical em termos políticos porque nos coloca o desafio de lidar com as implicações de que os mundos (no plural) são colocados em prática de maneiras diferentes, e seus encontros são saturados de relações de poder. O "mundo de apenas um mundo" é uma síntese da lógica da colonialidade. Trata-se de uma concepção dualista do real, baseada numa operação objetivante. O problema é que muito da nossa compreensão convencional do que é real (e o que é possível) está baseada nisso:

> Para colocar da forma mais sucinta possível, eu diria que baseamos nossas noções convencionais do que é real na crença de que interagimos com o mundo como indivíduos separados desse mundo; o mundo parece externo, fora de nós, um contexto previsível dentro do qual nos movemos livremente. Os princípios científicos que aprendemos em nossa educação formal (e nos quais a mídia se baseia) nos ensinam que podemos entender esse mundo olhando para ele como observadores neutros e objetivos. A abordagem científica convencional, portanto, instila, em nós, uma cosmovisão que divide o mundo em sujeitos e objetos, um mundo que podemos entender e manipular à vontade. Todo o edifício da civilização ocidental moderna (com suas formas particulares de patriarcado, racismo e exploração capitalista) é baseado nessa operação objetivante – nessa ontologia dualista, como a chamaremos – porque é baseado em uma separação estrita entre sujeito e objeto, razão e emoção, e muitos outros dualismos que descobriremos neste

> livro, e ainda mais dualismos que os leitores descobrirão por conta própria (Escobar, 2020, p. 2-3).

A operação objetivante coloca em prática uma lógica da separação, que nega a interdependência entre as entidades que compõem as diferentes realidades para poder objetificar aquilo que será explorado e inferiorizar aqueles que serão dominados. Essa operação tenta interromper o fluxo da vida e reduzir a complexidade dela para poder encaixá-las em esferas autocontidas (a economia, a política, a pedagogia, a estética, a epistemologia, a ontologia). Colocar em prática a realidade como essa caixa de espaço-tempo dividida em compartimentos estanques tem consequências graves. Separar o pedagógico e o político leva a uma educação bancária. É importante viver a dimensão pedagógica do político e a dimensão política do pedagógico. Um desafio é colocar em prática a interconexão entre todas as esferas da nossa vida em comum e demonstrar que não podemos nos deixar limitar por fronteiras artificiais que não dão conta da complexidade da realidade compartilhada. É também operação objetivante que sustenta o *ethos* da dominação sobre a natureza (como recursos a serem explorados) e sobre outros grupos humanos (considerados inferiores aos padrões "universais"). É esse *ethos* que dá sustentação à cultura patriarcal e ao sistema capitalista. Essas práticas modernas criam uma realidade única que exclui todas as outras realidades e formas de viver as relações, limitando profundamente o escopo do político. O real, o possível e o político estão entrelaçados indissociavelmente. A abertura de novos horizontes políticos demanda pensar os encontros como o contato entre diferentes mundos.

2.2.2 *"O mundo onde cabem muitos mundos" – o pluriverso e a relacionalidade radical*

O conceito de universalidade é um dos pilares da modernidade ocidental e está no coração do "mundo de apenas um mundo": uma forma de viver é transformada em um modelo que é imposto a todas as pessoas. Uma alternativa é colocar em prática a pluriversalidade, cuja definição mais sintética e eloquente foi elaborada pelo movimento zapatista: "o mundo onde cabem muitos mundos". Nessa definição, aparece tanto um "mundo" no singular quanto "mundos" no plural. O primeiro deles (no singular) indica o reconhecimento possível de um real compartilhado, entendido como o fluxo incessante da vida. Qualquer tentativa de impor uma explicação universal e definitiva dessa realidade extremamente complexa e em constante mutação é uma forma de reprodução da colonialidade e seu mundo de apenas um mundo. Escobar sintetiza essa proposta da seguinte maneira:

> Minha solução parcial para esse problema é a seguinte: se podemos falar de um real que é compartilhado por todos nós seres vivos, é o "fluxo informe, mas gerador de forças e relações" sobre o qual Law escreve (em termos científicos: a complexa dinâmica auto-organizadora da matéria e energia, e da própria Terra), do qual todas as formas do planeta e do universo emergem. Muitas cosmovisões ancestrais incluem noções semelhantes, como a circulação perpétua da vida, que discuto mais tarde. Essa posição é validada pelo senso comum, e é tudo o que podemos assumir como uma realidade compartilhada. Esse fluxo de vida dá origem a muitos reais e mundos diferentes. Ao externalizar o real – em outras palavras, ao vê-lo como externo e diferente de nós, humanos – nós, urbanos modernos, o reduzimos a um único real e inventamos o conceito de

> "realidade" para explicá-lo. Esse conceito de uma realidade singular está, por sua vez, firmemente ancorado em epistemologias cartesianas objetivantes, em uma ontologia dualista de sujeitos e objetos autocontidos e em todo um conjunto de mecanismos e práticas que nos constituem como "indivíduos autônomos" (Escobar, 2020, p. 15).

O que caracteriza a complexidade dessa realidade compartilhada é a relacionalidade radical: a ideia que *nada existe fora das relações que nos constituem*. Nenhuma entidade tem uma existência autônoma, separada e independente, e a realidade é relacional na sua totalidade. Por isso, John Law indicou que considerar os encontros entre os diferentes mundos um contato entre diferentes realidades (e não entre diferentes crenças sobre uma única realidade) nos leva de questões sobre epistemologias para questões sobre ontologia. Mas de que estamos falando quando falamos de ontologia?

> Blaser propõe uma definição de ontologia em três camadas. No primeiro nível, ontologia se refere às suposições que cada grupo social faz sobre os tipos de seres que existem no mundo e as condições sob as quais eles existem – uma espécie de inventário de seres e seus relacionamentos. A segunda camada se refere às maneiras pelas quais essas premissas dão origem a configurações socionaturais particulares: as maneiras pelas quais elas são realizadas, por assim dizer, em seus mundos. Em outras palavras, ontologias não precedem nossas práticas cotidianas; nossos mundos são encenados por meio de práticas concretas. Finalmente, ontologias frequentemente se manifestam como narrativas, que nos fornecem pistas para entender as suposições que as fundamentam. Este terceiro nível é amplamente fundamentado na literatura etnográfica sobre mitos e rituais (mitos da criação, por exemplo). Ele também existe nas narrativas que nós, modernos, contamos a nós mesmos

> sobre nós mesmos, que nossos políticos repetem continuamente em seus discursos e que invariavelmente reverberam nas interpretações que o noticiário noturno dá sobre o que está acontecendo no mundo (Escobar, 2020, p. 24-25).

A relacionalidade radical, na sua dimensão ontológica, refere-se ao fato de que todas as entidades, que fazem parte dos diferentes mundos, não existem fora das relações que os constituem. A ontologia moderna atribui às entidades uma existência separada e independente dos complexos vivos de relações dos quais eles fazem parte. Essa operação tem algumas facetas: externaliza e objetifica a natureza como um recurso a ser explorado; estabelece a separação entre os seres humanos e não humanos; e permite que alguns grupos de pessoas sejam considerados superiores a outros (negando a sua plena humanidade). O mundo de um só mundo opera com a lógica da separação, que nega as relações que nos constituem, mas mesmo perspectivas mais críticas e progressistas ainda percebem as entidades como ontologicamente separadas e apenas posteriormente reunidas através de algum tipo de conexão (como redes). Povos originários de territórios latino-americanos se percebem como parte da natureza e não colocam em prática a separação entre humanos e não humanos. Eles lutam contra o extrativismo em defesa de montanhas, lagos e rios como entidades que fazem parte das suas comunidades. São formas de ser, existir, habitar e construir mundos no reconhecimento da relacionalidade radical – o que constitui o pluriverso.

É importante destacar aqui que a nossa realidade compartilhada é radicalmente relacional e vivemos em um pluriverso independentemente das nossas práticas reconhecerem a nossa interdependência ou negá-la. Consideramos pluriversais as práticas que contribuem para o fortalecimento da teia de relações que sustenta a vida no Planeta Terra e que abrem espaço para que muitos mundos caibam nesse mundo. Os mundos (no plural) fazem parte dessa realidade compartilhada e, portanto, estão conectados. No entanto, essa conexão é sempre parcial porque eles são radicalmente diferentes. Os mundos são interligados sob condições de poder desiguais, e aqueles que usam seu poder econômico para colonizar conseguiram, pelo menos em parte, "universalizar" suas práticas e ocupar parcialmente outros mundos. Os mundos subalternos podem abrigar dentro de si o mundo do colonizador, mas, ao mesmo tempo, ser radicalmente diferentes.

2.2.3 As comunidades e os (in)comuns

O neoextrativismo é um modelo de desenvolvimento baseado na extração de larga escala de recursos naturais para a exportação. Vê-se, pelos termos dessa definição, que a prática está firmemente ancorada no mundo de apenas um mundo e na objetificação da natureza como um recurso inerte a ser explorado. Esse modelo é adotado em países do continente latino-americano de todo o espectro político: de governos conservadores a progressistas. Marisol de la Cadena e Mario Blaser (2017, p. 185-186) destacam a convergência conceitual paradoxal entre as justificativas dos governos extrativistas para o cercamento dos comuns em nome do bem comum e as justificativas dos defensores da justiça social para a defesa dos comuns. As noções de "cercamento" e de "comuns", apesar de serem consideradas opostas (com os cercamentos destruindo os comuns com o avanço do capitalismo), terminam convergindo na presunção das dicotomias entre os seres humanos e não humanos, e entre natureza e cultura. Os dois autores propõem – como contraponto às noções de "bem comum" e "cercamentos", assim como para desaceleração dos "comuns" na sua versão progressista – uma reflexão sobre os "incomuns".

A antropóloga Marisol de la Cadena (2020) narra uma história importante para a compreensão do que seriam os "incomuns". O cenário é uma manifestação contra um projeto de mineração na praça central de Cuzco, Plaza de Armas, em agosto de 2006. A mineradora estava prospectando Ausangate, um ser-terra (tradução de *tirakuna*: o espanhol *tierra* somado ao seu plural em quechua *kuna*) que também é uma montanha (e, portanto, uma reserva de minerais preciosos). Os diferentes atores em aliança naquela manifestação tomaram a decisão estratégica de subordinar a defesa do ser-terra à defesa do meio ambiente, uma demanda que o Estado poderia reconhecer como legítima e até passível de ser atendida. Os manifestantes alcançaram o seu objetivo e a prospecção para a construção da mina foi cancelada. No entanto, o fato de que a montanha também é um ser-terra foi ocultado na disputa pública, porque, no campo da política moderna, *tirakuna* é uma crença cultural de um determinado grupo e, portanto, uma demanda frágil quando confrontada com os fatos da ciência. Essa diferença radical excedia a política moderna, que não toleraria Ausangate como sendo nada além de uma montanha. Marisol de la Cadena, Mario Blaser e Arturo Escobar nos convidam a entender esse movimento como uma ocupação ontológica (e colonial) dos territórios e mostram a necessidade de compreender a dimensão ontológica desses conflitos políticos através da noção de política ontológica.

> Da mesma forma, com o conceito de política ontológica, queremos destacar tanto a dimensão política da ontologia quanto a dimensão ontológica da política. Por um lado, cada ontologia ou visão de mundo cria uma maneira particular de ver e fazer política (estamos bem cientes das formas modernas de política, baseadas na democracia representativa, votação, partidos etc., mas não estamos familiarizados com as de outras ontologias). Por outro lado, muitos conflitos políticos nos remetem a premissas ontológicas, sejam elas intramundos ou intermundos. Tanto para a ontologia política quanto para a política ontológica, esse último tipo de conflito é de fundamental importância (Escobar, 2014, p. 98).

A diferença radical emerge, nesse caso, como uma relação de excesso; o termo se refere àquilo que está além do limite de uma "totalidade". Ausangate, como um ser-terra, excede a dicotomia entre natureza e cultura. O ex-presidente Garcia, do Peru, declarou que os seres-terra não existem e são uma superstição a ser erradicada pela educação e pela ciência. A ocupação ontológica emerge quando aquele que se considera "a totalidade" nega a existência daquilo que o excede. É uma negação da diferença radical. Mas, no caso da manifestação na Plaza de Armas, não foi isso que aconteceu. A escolha estratégica de formular a demanda de outra maneira (em favor da questão ambiental) pode ser vista como uma estratégia produtiva por não apagar a diferença. Marisol de la Cadena e Mario Blaser (2017, 2018) propõem que vejamos essa aliança como a produção de *incomuns*: uma articulação negociada entre mundos heterogêneos enquanto lutam por aquilo que os faz ser quem são (De La Cadena; Blaser, 2018, p. 4). Os incomuns são a base heterogênea em que as negociações acontecem em direção aos comuns, sendo esses um resultado sempre parcial e provisório porque não desconsidera o seu ponto de partida (De La Cadena; Blaser, 2018, p. 19).

Outro aspecto importante dessa proposta é pensar os comuns não como um substantivo (um conjunto de recursos), mas sim como um verbo: o "fazer comum", como o processo de criar e fortalecer comunidades enraizadas em territórios. Colocar em prática o fazer comum como a produção das entidades reunidas como um sujeito comum. A ideia de comunidade, para Sílvia Federici, se refere a "uma qualidade de relações, um princípio de cooperação e de responsabilidade uns para com os outros e para com a terra, as florestas, os mares, os animais", em vez de "um agrupamento de pessoas unidas por interesses exclusivos que as separam das outras" (Federici, 2014, p. 229). Em vez de unidas por interesses exclusivos, podemos pensar em pessoas reunidas por "interesses em comum que não são o mesmo interesse". O propósito de reforçar os incomuns não é impedir a possibilidade do fazer comum, mas sim baseá-lo no solo firme do reconhecimento das diferenças (De La Cadena; Blaser, 2017, p. 191).

2.3 Relacionalmente radical: a perspectiva ecológica da organização política

2.3.1 A dimensão pedagógica da política e a dimensão política da pedagogia

Encontramos, na busca por autores da teoria política que trabalhassem com uma perspectiva de relacionalidade radical, a obra *Nem horizontal nem vertical*, escrita por Rodrigo Nunes (2023). O livro se propõe a discutir uma teoria da organização política em uma perspectiva ecológica, e seu último capítulo é intitulado "Radicalmente relacional: o problema da aptidão". O problema da aptidão diz respeito à busca pela *máxima mudança possível dentro das restrições existentes*, e uma das grandes questões a seu respeito é o agente da aptidão: "a figura encarregada de trazer tensão à história e de geri-la com o intuito de produzir uma transformação sistêmica" (Nunes, 2023, p. 320). Qual não foi a nossa surpresa quando o autor mobilizou justamente a obra de Paulo Freire para debater o assunto, destacando a importância da dimensão pedagógica da política. Vamos compreender esse raciocínio, partindo do problema do agente da aptidão.

O agente da transformação social, em algumas tradições marxistas, seria a vanguarda. O problema é que a diferença entre a vanguarda e as massas residia em um conhecimento verdadeiro que a primeira possuiria sobre o caminho necessário para a revolução (ou para a transformação social radical desejada). Imaginar alguém que acredita conhecer o que é a realidade e, por isso, precisa guiar aqueles que não a conhecem é a definição do mundo de apenas um mundo e da colonialidade. A questão, portanto, é buscar alternativas para essa posição, e precisamos começar descartando duas que podem emergir de uma compreensão equivocada do que seria o pluriverso. Uma primeira alternativa seria considerar que todas as formas de conhecimento colocadas em prática são igualmente válidas. O próprio Nunes dá uma primeira resposta nesse sentido:

> Um "mundo em que caibam muitos mundos" não pode ser um mundo em que cabem todos os mundos, pois a existência de alguns mundos é efetivamente incompatível com a de outros. Algumas coisas precisam ser ativamente excluídas, e isso só pode acontecer se um contingente suficientemente grande de pessoas se reconhecer como incompatível com a existência delas (Nunes, 2023, p. 313).

A defesa do pluriverso não implica um relativismo onde tudo vale, porque algumas práticas pressupõem a negação da existência do outro. Não se trata de negar o direito à existência de ninguém, mas, pelo contrário, da necessidade de construir coletivamente a exclusão de práticas que, essas sim, colocam em risco a nossa existência. Isso traz consequências importantes para uma definição de educação democrática e para o desenho de um conjunto de estratégias que impliquem a radicalização da democracia, enfrentando a crise das democracias liberais. Essa é só uma primeira dimensão do problema. Para conseguirmos nos constituir como um agente coletivo (que tem na sua base os incomuns) com força suficiente para efetivar transições civilizacionais em direção ao pluriverso, precisamos ter algum apelo a um mundo comum compartilhado, por mais que a sua complexidade não permita que nenhum ator tenha a última palavra sobre ele. A segunda alternativa a ser descartada é "inverter os sinais e afirmar que os diferenciais de conhecimento existem, mas funcionam na direção oposta" (Nunes, 2023, p. 321-322). Esse também é um grande perigo em se tratando de uma concepção equivocada das práticas pluriversais: seria acreditar que o conhecimento dos povos originários e grupos marginalizados não pode ser questionado. Obviamente não é disso que se trata.

A alternativa proposta por Nunes, com a qual convergimos, envolve dois movimentos. Um deles é o reconhecimento de que existe uma realidade compartilhada que é extremamente complexa, está em constante mutação e não há uma posição que permita algum tipo de acesso completo e exato a ela (isso seria impossível). Aqueles que desejam entrar em alianças para alcançar interesses em comum (que não são os mesmos interesses) precisam aceitar a falibilidade de seus conhecimentos e estar abertos para aprender com as experiências das práticas coletivas. As práticas são indissociáveis das comunidades que as realizam e dos territórios que lhes servem de contexto, mas precisamos acreditar que podemos aprender com as experiências de outros grupos, caso contrário não conseguiremos avançar na prática do fazer comum. O capitalismo colonizou muitos mundos e, portanto, podemos aprender com outras práticas de resistência.

O outro movimento diz respeito à atuação do agente que quer iniciar um processo de mudança significativa e para isso precisa se articular com outros grupos. Podemos distinguir a liderança como posição e como função. A função que pode ser identificada com a liderança é a iniciação de uma ação coletiva, e a posição é a consolidação e estabilização da função (Nunes, 2023, p. 68-69). A conjugação desses dois movimentos, segundo o próprio Rodrigo Nunes, está sintetizada na citação de Paulo Freire: "Ninguém educa ninguém, ninguém educa a si mesmo, os homens se educam entre si, mediatizados pelo mundo" (Freire, 2018, p. 95). E aqui chegamos ao debate sobre a dimensão política da pedagogia e a dimensão pedagógica da política:

> Um aspecto frequentemente negligenciado no pensamento de Freire é o fato de que ele está propondo um argumento pedagógico sobre a política tanto quanto um argumento político sobre a pedagogia. Para ele, não apenas a pedagogia é política, como a política é – ou deveria ser – diretamente pedagógica: "O que distingue a liderança revolucionária da elite dominadora não são apenas seus objetivos, mas o seu modo de atuar distinto". Não obstante algumas interpretações pouco cuidadosas de sua obra, Freire não concebia o método dialógico como um grande nivelador, a destituição de

> todos os pretensos líderes e iluminados, uma afirmação incondicional de igualdade absoluta. Pelo contrário, ele explicitamente o concebia como o "caminho [...] para um trabalho de libertação a ser realizado pela liderança revolucionária". Ter a igualdade sociopolítica como um fim não impede a pedagogia emancipatória de assumir a diferença como um ponto de partida necessário, não apenas no sentido histórico evidente de que as pessoas concretamente vivem em situações de dominação, mas como uma condição para o próprio processo pedagógico. Há processo porque há tensão, e há tensão porque há diferença. Por outro lado, como a futura emancipação coletiva é inseparável da emancipação intelectual individual aqui e agora, esta não está subordinada àquela em nome de uma "igualdade-por-vir", mas é praticada desde o início como exploração "daquilo que pode uma inteligência quando ela se considera igual a qualquer outra" (Nunes, 2023, p. 324).

Uma das características mais marcantes da pedagogia de Paulo Freire é justamente a relacionalidade entre estudantes e professores: "Quem ensina aprende ao ensinar. E quem aprende ensina ao aprender" (Freire, 2002). O professor não é o detentor de um conhecimento abstrato que precisa ser transmitido aos estudantes – essa é a definição da "educação bancária" tão criticada por Freire. Mas, ao mesmo tempo, o autor nunca negou a "posição de liderança" do professor no processo de ensino-aprendizagem, destacando a importância da autoridade, que não pode ser confundida com autoritarismo. Com a abertura ao diálogo, a "função de liderança" pode circular porque todos podem ter algo a ensinar. Nessa breve síntese pode ser identificada uma concepção radicalmente relacional da dimensão pedagógica, e podemos dizer que é essa dimensão pedagógica que tensiona a política no sentido da democracia. Sem a abertura ao diálogo, sem a dialogicidade freireana, o fazer político não se constitui de maneira democrática. E a potencialização da dimensão política da pedagogia é vital para tensioná-la no sentido da educação democrática.

2.3.2 Relacionalmente radical: a perspectiva ecológica da organização política

Arturo Escobar (2020) desenvolve uma discussão sobre uma forma de estar no mundo radicalmente relacional. Rodrigo Nunes (2023) desenvolve uma teoria da organização política em perspectiva ecológica que nos permite pensar o que seria ser relacionalmente radical. Para compreender essa proposta, precisamos explicar o que ele entende por "organização política":

> O que podemos dizer de mais geral sobre a organização política é que ela diz respeito ao agenciamento e à canalização da capacidade coletiva de agir de forma a produzir efeitos políticos. Deixando de lado a pergunta sobre o que pode ou não contar como um efeito político, deve estar claro por que a capacidade coletiva de agir é uma questão para a política. Salvo em situações excepcionais, os poderosos sempre podem contar com aquilo que Baruch Spinoza chamava de *potestas* para garantir que, na hora da verdade, as pessoas cumprirão suas ordens: a polícia, o exército, a imprensa, a relação salarial, o medo acumulado e o consentimento passivo da maioria, toda sorte de coisas que poderiam ser descritas como "poder sobre" ou agrupadas sob a vaga expressão "os poderes constituídos". Os mais fracos, por sua vez, não têm nada além de sua capacidade de agir – seu poder de fazer coisas, de afetar e serem afetados uns pelos outros, que Spinoza chamava de *potentia*. No entanto, a *potentia* de cada indivíduo não é tão grande, e certamente não é suficiente para fazer frente à *potestas*. É, nesse sentido, indispensável que os indivíduos se

> somem de tal modo que a capacidade de agir de cada um multiplique a capacidade de todos os outros. É por isso que o sujeito da política é sempre coletivo (Nunes, 2023, p. 37-38).

Reencontramos aqui a questão da constituição de um sujeito coletivo, do agir juntos. Marisol de la Cadena e Mario Blaser (2017, 2018) trataram da constituição desse sujeito coletivo como o fazer comum que tem como base a manutenção e valorização dos incomuns (os interesses em comum que não são o mesmo interesse). Rodrigo Nunes (2023) converge, em alguma medida, ao afirmar que quem fala em "sujeito coletivo" não se refere necessariamente a um "sujeito unificado" e propõe a distinção de três formas de as pessoas agirem juntas: ação agregada, coletiva e distribuída. A ação agregada refere-se às mudanças que ocorrem como resultado "do acúmulo de múltiplas ações individuais descoordenadas e de mudanças de comportamento ao longo do tempo, muitas em escala bastante pequena" (Nunes, 2023, p. 39) . A ação coletiva, por sua vez, remete a processos nos quais as pessoas convergem intencionalmente e se percebem como pertencentes a um sujeito coletivo. A grande questão é que, na maior parte dos casos, o que acontece é uma combinação entre as duas formas de ação, que se retroalimentam reciprocamente. Nunes propõe, então, chamar esse entrelaçamento de ação distribuída: "o espaço comum no qual ação coletiva e ação agregada combinam-se, comunicam-se, relacionam-se e estabelecem entre si circuitos de *feedback* positivo e negativo" (Nunes, 2023, p. 43). Essa proposta indica que a teoria da organização proposta por Nunes não se limita à discussão sobre as formas organizacionais (partidos, sindicatos etc.), mas inclui a maneira como as pessoas coordenam as suas ações fora das organizações formais ou de maneira articulada com elas. Ou seja, seu ponto de partida é a ação distribuída. Outra forma de se referir a esse espaço comum da ação distribuída é como uma "ecologia".

Uma ecologia é uma ordem espontânea que envolve outras ordens deliberadamente constituídas, sem que haja um mecanismo de decisão pactuado por todos os envolvidos. Nunes recorre ao caso da luta pelos direitos civis nos Estados Unidos, e a diferença de estratégia entre os pacifistas "moderados" liderados por Martin Luther King e os "radicais" liderados por Malcom X, para explorar elementos a fim de pensar a organização ecologicamente: a diferença funcional é uma das características centrais de uma ecologia; ao agir em um ambiente compartilhado, cada um molda os campos de possibilidades dos demais; nenhum agente tem controle total sobre o resultado de uma ecologia; uma conquista nunca é alcançada somente por um grupo, mas se deve à ecologia como um todo; e ninguém vence sozinho (Nunes, 2023, p. 208-216). Nunes reafirma que ele não trata de criar ecologias, mas de pensar a organização de maneira ecológica:

> [...] meu retrato de uma ecologia não se pretende um projeto para um movimento futuro; ele é uma descrição daquilo que já é o caso, em maior ou menor grau, independentemente de as pessoas estarem de acordo entre si ou mesmo conscientes umas das outras. Se há uma dimensão normativa aqui, ela não está no imperativo de criar uma ecologia, visto que sempre já há uma, mas na tarefa de pensar o que já existe em termos ecológicos. Isso envolve, entre outras coisas, privilegiar a cooperação em detrimento da concorrência, cultivar recursos comuns e relações mutuamente benéficas e traçar estratégias com uma vasta gama de outros agentes em mente (Nunes, 2023, p. 213).

A radicalidade ganha um novo sentido com a compreensão ecológica da organização política. Mais do que insistir em uma determinada estratégia, uma estratégia relacionalmente radical trata de levar em consideração o contexto mais amplo e escolher aquilo que acrescenta para alcançar a mudança máxima dentro das restrições existentes. A consequência disso é uma política experimental: interessada em conceber e testar estratégias que expandem os limites do que é possível. Aqui o radicalmente relacional converge com o relacionalmente radical: na abertura de novos horizontes de ação coletiva.

2.3.3 Estratégias políticas voltadas para transições pluriversais

Arturo Escobar (2020) escreveu um prefácio especial para a tradução em inglês do seu livro. Imaginando que essa edição alcançaria um público diferente da sua versão em espanhol, ele dedica boa parte do texto a pensar duas respostas diferentes sobre a relação entre estratégias políticas universais (modernas) e pluriversais (ontológicas): uma primeira que vê a possibilidade de articulações proveitosas e uma segunda que é cética sobre essa possibilidade. Não creio que seja difícil imaginar que, partindo de uma perspectiva ecológica da organização política, vamos defender aqui mais do que a possibilidade, mas a necessidade da articulação de diferentes estratégias. Para ajudar nessa reflexão, Escobar propõe uma categorização em três tipos de estratégias políticas, de acordo com os seus objetivos: o *progresso econômico*; a *justiça social*; e *transições pluriversais*. O primeiro tipo remete à biopolítica levada adiante por governos neoliberais, Banco Mundial etc. e que coloca em prática o mundo de apenas um mundo. Estão sustentados por todo tipo de violência e exploração das pessoas e do meio ambiente – portanto, são estratégias que destroem o pluriverso. O segundo tipo remete às estratégias políticas que visam ampliar a justiça socioambiental e a sustentabilidade. Operam com a defesa dos direitos humanos e a diminuição das desigualdades. Podem contribuir para a política pluriversal.

O terceiro tipo são as estratégias políticas voltadas para transições pluriversais. O reconhecimento da gravidade das múltiplas crises que enfrentamos e da necessidade, se queremos garantir a possibilidade de vida na Terra, de uma mudança (relacionalmente) radical faz com que precisemos de uma transição civilizacional: novas formas de viver em comum no Planeta Terra. Não existe um modelo pronto e disponível para esse tipo de estratégia voltada para transições pluriversais, apesar de ser o foco de muita experimentação nas lutas promovidas por movimentos sociais em seus territórios. Todos vivemos na Terra como um pluriverso, e a realidade é radicalmente relacional. Alguns vivem de maneira a tecer conjuntamente o pluriverso no sentido de evitar uma catástrofe climática irreversível. Outros vivem negando a plena humanidade de outras pessoas e tratando a natureza como um recurso infinito que pode ser explorado sem consequências negativas. A primeira pode ser descrita como uma forma de viver pluriversal; a segunda, não. Aqui temos uma linha geral daquilo que poderíamos considerar estratégias políticas para uma *transição pluriversal*: se a crise orgânica (do clima, da energia, da desigualdade e do sentido) é indissociável do sistema mundial moderno/colonial capitalista e heteropatriarcal, a descolonização é um desafio incontornável. Se esses sistemas de opressão se constituem de maneira interseccional, podemos reunir o desafio de enfrentá-los como parte da luta para descolonizar as diferentes dimensões das nossas vidas. Se precisamos de um fazer comum a fim de nos constituirmos como um agente coletivo forte o suficiente para enfrentar o gigantesco desafio da descolonização, não podemos esquecer que sua força está na valorização dos incomuns como a sua base de sustentação. O florescimento do pluriverso implica a costura de diferentes caminhos em direção ao mundo em que cabem muitos mundos, para além das dualidades da modernidade/colonialidade. Aqui podemos comentar algumas apostas explicitadas por Escobar como elementos importantes:

> *A recomunalização da vida social*, como contraponto ao imperativo individualizante dominante e como fundamento da ação humana a partir da perspectiva da interdependência de tudo o que existe. *A relocalização de atividades*, nos domínios da economia, alimentação, saúde, energia, transporte, educação, construção e assim por diante, para resistir às tendências deslocalizadoras da globalização capitalista, fortalecer economias locais e regionais e promover modos de vida conviviais. *O fortalecimento de autonomias locais coletivas e formas diretas de democracia*, como um meio de diminuir a dependência de normas estabelecidas por especialistas e pelo Estado; revalorizar criticamente os conhecimentos e valores locais; e promover estratégias políticas horizontais baseadas na auto-organização das pessoas, potencialmente se conectando com outros experimentos transformadores semelhantes e movimentos autônomos em outros lugares (Escobar, 2020, p. 30).

Escobar reconhece que existem múltiplas maneiras daqueles que operam no campo das estratégias de defesa da justiça socioambiental contribuírem para as transições pluriversais e que, de fato, muitos movimentos sociais transitam pelos três tipos de estratégias políticas na sua atuação. A grande pergunta que fica para nós, no presente livro, é sobre a possibilidade de pensar pedagogias pluriversais no âmbito de escolas e universidades. Sabemos que, enquanto instituições modernas, ambas foram fundadas como instrumentos da colonialidade e, ainda hoje, carregam essa marca. Chegou o momento de esboçar algumas respostas e delinear algumas apostas.

2.4 Educação democrática pluriversal

2.4.1 Pistas para pensar sobre pedagogias pluriversais[1]

O pluriverso, o mundo onde cabem muitos mundos, questiona o "universal", o conceito que funciona como um dos pilares da modernidade ocidental. Sendo assim, um bom ponto de partida é pluralizar, falar em pedagogias no plural. A reflexão sobre as pedagogias que podem ser consideradas pluriversais nos remete a um desafio com duas facetas complementares: o enfrentamento da colonialidade e a valorização da pluralidade. A primeira delas nos direciona para a construção política da exclusão do campo do aceitável de práticas que negam a existência digna de outros seres – uma educação descolonizadora (Morel, 2023). A segunda implica o reconhecimento de que sempre temos algo a aprender com a diferença. Essa constitui uma primeira pista dupla para identificar as pedagogias que podem ser consideradas pluriversais, mas precisamos desenvolver mais essa proposta.

1. As reflexões sobre as "pedagogias pluriversais" foram elaboradas em parceria entre Ana Paula Morel e Fernando de Araújo Penna em curso ministrado na Universidade Federal Fluminense e foram sistematizadas pela primeira vez no texto intitulado "Política ontológica e povos em movimento: pistas para pedagogias pluriversais" (ainda não publicado).

O mundo de apenas um mundo concede a si mesmo o direito de assimilar todos os outros mundos e, apresentando-se como universal e exclusivo, cancela a possibilidade de tudo que está além dos seus limites. Uma das suas características centrais é a tentativa de espremer a complexidade da teia de relações que sustenta a vida na terra em compartimentos estanques sem comunicação: a economia, a política, a ontologia, a pedagogia, a estética, a ética, a epistemologia, e por aí afora. Outro desafio de colocar em prática a pluriversalidade é romper com essa compartimentação e mostrar a interconexão entre essas diferentes "esferas" das nossas vidas. No presente capítulo conhecemos a proposta da política ontológica, que visa destacar a dimensão ontológica da política e a dimensão política da ontologia. Ela pode servir como inspiração para entendermos o que antes eram compartimentos estanques como dimensões interligadas de uma realidade complexa. Cada uma dessas dimensões remete não a práticas previamente concebidas, mas a uma série de questionamentos ligada a um determinado aspecto que se quer problematizar na sua interconexão com outros. A dimensão política remete a questionamentos como: Como organizar a nossa vida em comum? Quem pode participar das decisões? Quais questões podem ser discutidas? Como lidar com os encontros entre comunidades diferentes? A dimensão ontológica remete, por sua vez, a questões como: O que é real? O que é possível? Quais são as entidades que possuem agência? Qual é a relação entre essas entidades e o mundo? Quando se entrecruzam essas duas séries de questionamentos, temos toda a discussão que foi apresentada nas seções anteriores do presente capítulo. E se fizéssemos um exercício semelhante com relação à dimensão pedagógica: Quem pode ensinar? O que pode ser ensinado? De que forma se pode ensinar e aprender? Quem pode aprender?

Podemos, para retomar uma reflexão já iniciada e que tem centralidade na nossa proposta, começar com a relação entre política e pedagogia. Já discutimos como a dimensão pedagógica da política a tensiona no sentido da democracia, e agora é importante debater como a dimensão política tensiona a pedagogia no sentido propriamente educativo. A negação da dimensão política da pedagogia pode seguir dois caminhos: tratar a pedagogia como um processo de transmissão/recepção passiva no qual os envolvidos devem se limitar a ensinar/aprender de uma maneira que foi estabelecida em outros espaços decisórios; ou negar a dimensão relacional do processo de ensino-aprendizagem apagando um dos lados dessa relação. O primeiro desses caminhos já foi analisado na primeira seção do presente capítulo, vamos ao segundo deles. O pensamento neoliberal procura transformar a aprendizagem em um desafio individual que deve ser enfrentado por cada um ao "investir" na sua formação durante a vida toda. Ao fazer isso, nega a dimensão propriamente relacional do fenômeno pedagógico, apagando a dimensão do ensino. É compreender a dimensão propriamente política da participação nas decisões sobre a condução da relação de ensino-aprendizagem que tensiona a pedagogia no sentido propriamente educacional.

Falar em uma pedagogia pluriversal, portanto, implica compreendê-la de maneira indissociável dos outros aspectos da nossa realidade complexa. Esta constitui uma segunda pista para identificar pedagogias que podem ser consideradas pluriversais. Poderíamos, para oferecer mais um exemplo, pensar na dimensão estética: Existe uma aparência que é mais valorizada? Existem limitações sobre quem pode aparecer em determinados espaços? Sobre quem pode ser visto fazendo determinadas ações? Pensar a dimensão estética da pedagogia implicaria as seguintes perguntas: Quem não pode ser visto nas representações existentes em materiais didáticos? Quem não pode ser visto como um educador ou uma educadora? Existe uma expectativa sobre a aparência dos estudantes de maior sucesso? E, também, seria importante manter em mente a dimensão ontológica da pedagogia. O ato de ensinar pode se converter em uma das ferramentas para a imposição do mundo de apenas um mundo e o apagamento do incomum.

Uma terceira pista pode ser encontrada nos três eixos da proposta de Escobar (2020, p. 30) para pensar as estratégias políticas para as transições pluriversais: a recomunalização da vida social; a realocação de atividades; e o fortalecimento de autonomias locais coletivas e formas diretas de democracia. Uma pedagogia pluriversal teria como um dos seus elementos vitais fazer parte de uma ecologia de práticas voltadas para a constituição e o fortalecimento de comunidades fortemente enraizadas nos territórios e formas diretas de democracia. Nesse ponto, já estamos bastante perto da conexão entre as pedagogias pluriversais e a educação democrática, mas, antes de desenvolver essa proposta, precisamos discutir se é possível colocar em prática pedagogias pluriversais em instituições modernas, como escolas e universidades.

2.4.2 A possibilidade de pedagogias pluriversais em instituições modernas

Escobar defende que as estratégias para a justiça socioambiental, no âmbito da política moderna, podem contribuir para o florescimento do pluriverso. A pergunta que fazemos aqui é ainda mais difícil, porque escolas e universidades, enquanto instituições modernas, são ferramentas da colonialidade. Licínio Lima, no seu artigo intitulado "Por que é tão difícil democratizar a gestão da escola pública?" (2018), nos lembra de que escolas não foram criadas a partir de objetivos democráticos. Muito pelo contrário:

> Acresce a tudo o que já foi apontado o fato de nem a atividade de gestão nem a instituição escolar terem sido historicamente construídas a partir de objetivos democráticos. Pelo contrário, tal ideal é bastante recente, tendo sido reforçado a partir do momento em que a educação foi considerada um direito humano fundamental e que à escola foram atribuídas responsabilidades de educação para todos e de formação de cidadãos democráticos, esclarecidos, com sentido crítico, preparados para o exercício de práticas democráticas e de participação ativa. Mas o modelo organizacional adotado na escola moderna, as suas estruturas e regras mais características e os seus processos de gestão revelaram-se muito influenciados pelas organizações militares, religiosas e industriais, seja em termos de racionalização, formalização e hierarquização, seja também em termos de processos de produção em grande escala. O currículo foi socialmente hierarquizado e fragmentado, os tempos e espaços foram racionalizados e controlados, os corpos e as mentes de discentes e docentes foram disciplinados. A organização das escolas modernas e a sua gestão foram objeto de um processo de institucionalização, na longa duração, que se revelou bastante próximo das organizações produtivas do capitalismo e das teorias da gestão empresarial, sendo visíveis as influências historicamente exercidas pelo taylorismo e pelo fayolismo, por exemplo, nas teorias e nas práticas da gestão escolar, tal como continua a suceder com as mais recentes teorias da gestão da qualidade total, do "*just in time*", da direção por incentivos e das lideranças empreendedoras, a título de exemplo (Lima, 2018, p. 21).

Reconhecer o passado (e, em muitos casos, o presente) colonial das instituições educativas nos coloca um problema, mas também uma nova forma de pensar. Acreditamos que a democratização dessas instituições é possível, mas ela não deixa de ser uma forma de transgressão ou subversão da sua finalidade original. A educação democrática não só é um exemplo do "ensinando a transgredir" de bell hooks (2017), mas também ela mesma uma transgressão. Contudo, falar da possibilidade de democratização, mesmo que como forma de transgressão, não é falar ainda de pedagogias pluriversais. Esse problema não tem uma resposta definitiva, podemos apenas fazer uma aposta. Construir uma proposta. Somos, os autores do presente livro, professores que trabalham com a formação de outros professores. Temos milhares de escolas e professores em atuação nessas instituições no Brasil. Recusamo-nos a pensar que, em uma perspectiva ecológica da organização política, essa enorme rede de educadores não possa constituir um espaço para avançar no sentido de transições pluriversais.

As escolas e universidades podem se constituir como um mundo onde caibam muitos mundos e colocar em prática pedagogias pluriversais. Se Escobar propôs, como um dos eixos das estratégias para as transições pluriversais, a recomunalização da vida social, defendemos que as instituições educacionais podem ser espaços do fazer comum, da criação e fortalecimento de comunidades enraizadas nos seus territórios. Um fazer comum baseado nos incomuns: uma articulação negociada entre mundos heterogêneos enquanto lutam por aquilo que os faz ser quem são. E precisamos reconhecer a dimensão pedagógica dessa luta política e reafirmar a especificidade das escolas e universidades nesse processo: uma articulação negociada na qual todos temos muito a aprender uns com os outros. Ensinamos enquanto aprendemos e aprendemos enquanto ensinamos. Isso não diminui em nada o papel dos profissionais da educação e do conhecimento científico. Os educadores e as educadoras precisam reconhecer a responsabilidade e o poder que detém na condução do processo de ensino-aprendizagem, mas essa constatação não exime os outros membros da comunidade educativa da sua responsabilidade na construção coletiva do processo. Apostamos no potencial emancipador do conhecimento científico, mas sem negar suas limitações e reafirmando a abertura para o diálogo permanente.

2.4.3 Educação democrática pluriversal

Estamos sistematizando aqui uma forma de teorizar (e colocar em prática) a educação democrática que não se enquadra em nenhuma das concepções descritas por Edda Sant e avança com relação à maneira como nós mesmos a formulamos em escritos anteriores (Penna; Aquino; Moura, 2024; Seffner; Penna, 2024). Defendemos a teorização crítica e interseccional em educação democrática através da práxis dos projetos de conhecimento resistente – entendidos como as diferentes lutas em defesa do direito à educação (Seffner; Penna, 2024). E, nessa teorização, propusemos como foco as práticas que ampliam ou reduzem a densidade democrática de uma comunidade educativa, e situamos a nossa proposta dentro da concepção crítica da educação democrática, com o seu compromisso ético com a transformação social das desigualdades sociais. No que difere a proposta pluriversal com relação à posição crítica antes reafirmada?

A educação política forte é incompatível com a abertura necessária das pedagogias pluriversais, mas ainda assim é uma postura adotada por muitos pesquisadores vinculados à pedagogia crítica. Precisamos ser bem diretos aqui: as pedagogias pluriversais são incompatíveis com uma educação política forte, mas não são incompatíveis com a pedagogia crítica. Pelo contrário, podem ajudar a tensioná-la no sentido da educação política aberta/fraca. Poderíamos considerar as pedagogias pluriversais como parte da pedagogia crítica, mas um elemento é vital para a primeira e apenas periférico para a segunda. O mesmo pode ser dito sobre a interseccionalidade: não há qualquer incompatibilidade sua com as pedagogias pluriversais. A própria Patrícia Hill Collins reconhece que a interseccionalidade adota a relacionalidade (Collins; Bilge, 2021). O elemento distintivo das pedagogias pluriversais com relação à pedagogia crítica e à interseccionalidade é a sua adesão à relacionalidade radical e tudo que ela implica.

Pedagogias radicalmente relacionais, no entanto, são apenas metade da nossa aposta. Precisamos adicionar o relacionalmente radical, e aqui chegamos à educação democrática. Com o escopo do desafio colocado pela crise orgânica que enfrentamos, em especial na sua dimensão ambiental, a constituição de comunidades fortemente enraizadas nos territórios é absolutamente imprescindível, mas essa estratégia sozinha e isolada no âmbito local dificilmente será suficiente, sobretudo devido à urgência de uma transformação enquanto o quadro ainda pode ser revertido. As diferentes comunidades educativas precisam se articular para lutar por um mundo onde caibam muitos mundos. O desafio do fazer comum baseado nos incomuns acontece aqui em outra escala. Trata-se da constituição de um agente coletivo (que não quer dizer homogêneo) que reconhece que a ação agregada e a ação coletiva se retroalimentam e enfrenta as questões de organização política em uma perspectiva ecológica. Nunes defende que precisamos pensar local e globalmente de maneira simultânea (Nunes, 2023, p. 46-52).

Nossa proposta é que a "educação democrática" seja o espaço dessa "articulação negociada entre mundos heterogêneos enquanto lutam por aquilo que os faz ser quem são". O presente capítulo é inegavelmente um esforço de teorização sobre essa articulação negociada. Em uma perspectiva radicalmente relacional, a teoria e a prática são indissociáveis, mas, sabendo disso, ainda podemos acionar essas duas dimensões sem negar a sua articulação. Previamente, defendemos uma teorização crítica e interseccional em educação democrática, e reafirmamos essa aposta, incluindo mais um elemento: a relacionalidade radical. Propomos aqui que essa teorização, indissociável das práticas de luta em defesa do direito à educação nas diferentes escalas, seja reconhecida como pluriversal. O que caracteriza, além do que já foi dito, a teorização pluriversal em educação democrática?

Nos nossos esforços prévios de teorização, propusemos que a pesquisa em educação democrática tenha como foco as práticas que ampliam ou reduzem a densidade democrática das comunidades educativas. Um dos nossos propósitos centrais com essa definição era evitar uma proposta normativa sobre quais práticas deveriam ser adotadas em qualquer comunidade, reconhecendo a impossibilidade de estabelecer uma lista fechada de práticas que "funcionam" independentemente do seu contexto de "aplicação". As práticas não podem ser compreendidas fora do seu contexto: algo que amplia a densidade democrática de uma comunidade pode não ter o mesmo efeito em outra. Mas, ao mesmo tempo, apontava para um elemento comum no enfrentamento das relações estruturais de opressão – que demanda um olhar atento para os marcadores sociais da diferença. Já era uma concepção de educação democrática fortemente relacional, mas não trabalhava numa perspectiva pluriversal/ecológica. As principais diferenças seriam: a abertura para a diferença radical (como estratégia de abertura de novos horizontes de transições pluriversais); a relação indelével das comunidades com os territórios; e a atuação da comunidade no seu território e nas articulações externas visando à potencialização do poder de transformação.

A proposta não implica, o que seria uma enorme contradição, fazer das pedagogias pluriversais uma nova fórmula a ser seguida, até porque a reflexão que propusemos não se presta a esse papel. As pistas identificadas não delimitam um caminho claramente definido e imutável, mas um horizonte aberto de transformação em certo sentido. E, mais do que isso, as práticas são indissociáveis da comunidade que ajudam a constituir e, em alguns contextos, a simples abertura de um diálogo já pode ser transformadora. A pesquisa sobre essas práticas está preocupada em compreendê-las dentro da comunidade, como uma ecologia e como parte de outras ecologias. Ao mesmo tempo, é inegável que existe uma aposta da educação democrática pluriversal no fortalecimento de um fazer comum baseado nos incomuns: em comunidades com abertura para o aprender com a diferença radical, enraizadas nos territórios e em articulação com outras comunidades para alavancar uma mudança radical. Trata-se de qualificar melhor o que estávamos chamando de "densidade democrática". Um grupo empresarial pode investir em uma escola voltada para a prática da competição e construir um senso de comunidade em cima da identidade de uma elite superior. Toda a discussão que realizamos sobre o pluriverso nos ajuda a dar precisão ao assunto que estamos abordando quando usamos o termo "densidade democrática".

A teorização pluriversal em educação democrática, aqui proposta, é indissociável das lutas pelo direito à educação. Na verdade, ela é parte dessa luta. Articular as diferentes lutas e as diferentes práticas pedagógicas não é apenas um objetivo acadêmico, mas uma estratégia política. É a esse desafio que dedicamos um dos próximos capítulos.

3
O direito constitucional à educação democrática: conteúdo e princípios jurídicos

A educação democrática, como visto, está afeiçoada, de modo íntimo e necessário, a elementos básicos para uma existência individual e social justa, informada pelos princípios da liberdade, da igualdade, do respeito às diferenças, da solidariedade e da proteção da dignidade humana. Tais conteúdos, essenciais para a vivência das práticas educativas e pedagógicas, devem ser expressão e reflexo não só das diversas dimensões da vida – social, política, econômica e cultural –, como também requerem uma ordem legal que os concretize juridicamente, em especial em contextos polarizados e saturados de extremismos. Diante do desafio, este capítulo objetiva contribuir para a afirmação de uma educação democrática, mediante a notícia e breve análise de seus conteúdos jurídicos fundamentais. Para tanto, subdivide-se em três partes: (1) o direito à educação no contexto geral e mais amplo da Constituição de 1988; (2) o rol dos princípios fundamentais do direito à educação nela consagrados, dentre os quais se destacam a liberdade de ensinar, de aprender e de pesquisar e a participação democrática na comunidade escolar, e (3) o exame de algumas iniciativas que se opõem ao direito à educação democrática, encetadas por movimentos e ofensivas conhecidos como "escola sem partido" e "ideologia de gênero", sem esquecer de projetos como a militarização do mundo escolar e o "ensino domiciliar" ("*homeschooling*").

3.1 O direito à educação na Constituição de 1988

A Constituição da República Federativa do Brasil, promulgada em 1988, é uma constituição democrática tanto nos conteúdos como nos procedimentos nela previstos. Com efeito, de acordo com o estado da arte do debate jurídico contemporâneo (Canotilho, 2000, p. 289), para que um regime político, social, econômico ou cultural possa ser qualificado como democrático não bastam disposições sobre a organização dos poderes estatais e sobre o procedimento eleitoral e a tomada de decisões conforme a vontade da maioria; mais que isso, é essencial que certos conteúdos substantivos sejam garantidos e observados.

Como revelam exemplos históricos, se a maioria decidir, ainda que por ampla margem, pela instituição de um regime racista (como nos Estados Unidos dos anos de 1960, onde vigia o chamado regime "Jim Crow", em que a legislação separatista impunha aos negros discriminação nos serviços públicos e na vida privada), não teremos um regime democrático; da mesma forma, não é democrático, mesmo que vencedor nas urnas, um projeto político que defenda ou que admita a desigualdade de oportunidades entre os cidadãos. Essas duas situações deixam claro como a violação de direitos básicos, tais como a igualdade e a dignidade humana, compromete gravemente a democracia. Daí que a Constituição de 1988 prevê, ao mesmo tempo, os procedimentos democráticos e os direitos fundamentais; além de organizar o funcionamento dos poderes do Estado, as eleições e a possibilidade de consultas populares, ela enuncia direitos fundamentais, individuais e sociais. Quanto a tais direitos, compreende-se que sem direitos sociais (educação, saúde, previdência, por exemplo) os chamados direitos individuais (liberdades individuais, tais como de pensamento, de opinião, de expressão) acabam esvaziados, uma vez que são as prestações fornecidas pelos direitos sociais que possibilitam seu exercício (Sen, 2010). Não há, por exemplo, como exercitar a liberdade de opinião se o indivíduo sequer tem acesso a informações básicas sobre aquilo que busca opinar; não há liberdade de desenvolver projetos de vida sem prestações de educação e saúde.

Nesse contexto, não há dúvida de que o direito à educação previsto na Constituição de 1988[2] é um direito fundamental social. Em primeiro lugar, por estar explícita e formalmente enumerado dentre os direitos fundamentais (artigo 6 da CF/88) e por também consubstanciar um direito humano internacional[3]; em segundo lugar, ele é materialmente fundamental, pois sem ele soçobra a própria ideia de democracia, uma vez que sem acesso à educação não há efetivo desenvolvimento humano e se frustram também os demais direitos fundamentais individuais; em tercei-

2. Para um histórico do direito à educação nas constituições brasileiras, cf. TEIXEIRA, M. C. O direito à educação nas Constituições brasileiras. *Revista do Curso de Direito da Universidade Metodista de São Paulo*, v. 5, p. 146-168, 2008. Disponível em: https://core.ac.uk/download/pdf/235209223.pdf – Acesso em: 5 mar. 2025; OLIVEIRA, R. P. de. O Direito à Educação na Constituição Federal de 1988 e seu restabelecimento pelo sistema de Justiça. *Revista Brasileira de Educação*, n. 11, p. 61-74, 1999.

3. A par da ordem constitucional, do direito interno brasileiro, o direito à educação é também um direito humano previsto na ordem internacional, como na Declaração Universal dos Direitos do Homem (1948) e no Pacto Internacional sobre Direitos Econômicos, Sociais e Culturais (1966).

ro lugar, ele é um direito fundamental social, uma vez que seu exercício exige o fornecimento de bens e de serviços concretos, não bastando uma abstenção estatal e social: o direito à educação requer, como se sabe, estruturas materiais, bens e serviços vários, recursos humanos qualificados. Saliente-se, desde já, que a invocação do direito humano e fundamental à educação traz à tona um genuíno "feixe de direitos fundamentais" que, considerados conjuntamente, compõem o "direito à educação como um todo". O regime constitucional do direito à educação, que, como vimos, é essencialmente democrático, compreende vários direitos fundamentais, que correspondem a realidades e desafios pertinentes ao campo da educação, tais como as aludidas liberdades de ensinar, de aprender, de pesquisar e a participação democrática na comunidade escolar.

Nesse quadro, deve-se ter em mente que o direito humano e fundamental à educação encerra, ao menos, duas dimensões: a defensiva e a prestacional. A dimensão defensiva, também denominada negativa, diz respeito a uma esfera protegida de intromissões alheias indesejadas quanto ao seu exercício. A dimensão prestacional, também referida como positiva, remete às prestações necessárias para sua concretização, tais como a organização de um sistema escolar e dos diversos bens e serviços que lhe são próprios. Um exemplo pode ser útil agora que nos encaminhamos para o encerramento desta primeira parte, em que objetivamos vislumbrar o arcabouço e os conceitos jurídicos básicos nos quais está situada a educação como um direito humano e fundamental. Dentre os vários direitos fundamentais enfeixados no direito à educação como um todo, pode-se lembrar, como será visto com mais vagar logo abaixo, a liberdade de pesquisar. Ela tanto compreende uma esfera de liberdade (negativa), em favor de indivíduos e da comunidade escolar, tornando ilegítimos constrangimentos externos diante da pesquisa de temas que estes considerem pedagogicamente relevantes e necessários, quanto engloba direitos a prestações positivas que viabilizem o exercício desse direito, tais como acesso a informações e criação de espaços propícios ao estudo e à reflexão.

Importa, portanto, ter presente que: (a) o direito à educação é um direito constitucional, qualificado como direito humano fundamental social; (b) estando previsto no contexto de uma constituição democrática, o direito à educação necessariamente se qualifica como direito à educação democrática, vale dizer, direito que abrange formas de exercício democráticas tanto nos seus procedimentos e possibilidades de participação como nos seus conteúdos fundamentais; (c) o direito à educação, por requerer uma educação democrática, não se satisfaz, portanto, com a simples e mera oferta de quaisquer serviços e conteúdos, desvinculados dos princípios democráticos consagrados na constituição.

3.2 O direito à educação democrática e os princípios constitucionais

A Constituição democrática instituiu um regime jurídico constitucional específico para o direito à educação, presente já no catálogo dos direitos fundamentais sociais (Título II, art. 6) e com desenvolvimento detalhado nos arts. 205 a 214 do Título VII (Da ordem social). Dada sua excepcional relevância, ele se estrutura mediante um complexo de princípios, direitos, deveres e institutos, e pode ser identificado como o regime jurídico fundamental do direito à educação democrática na CF/88. Dentre seus vários conteúdos, destacaremos por sua conexão direta com a educação democrática: (a) os partícipes do direito à educação; (b) os objetivos perseguidos; (c) os princípios fundamentais - igualdade e liberdade (art. 206, I, II e IX; art. 208, III); (d) o desenho institucional medular (pluralismo e gestão democrática); (e) as metas do sistema educacional como um todo (art. 214 - dimensão social prestacional); (f) os desdobramentos específicos para o Ensino Superior. A análise desses tópicos, com a brevidade inerente a este estudo introdutório, toma como referência a interpretação que a eles vem emprestando o Supremo Tribunal Federal, dada sua posição institucional.

Antes de adentramos nesta visita, inicie-se pela asserção da educação como **"direito público subjetivo de acesso ao ensino obrigatório e gratuito"** (art. 208, p. 1), com "progressiva universalização do Ensino Médio gratuito" (art. 208, II) e "acesso aos níveis mais elevados do ensino, da pesquisa e da criação artística, segundo a capacidade de cada um" (art. 208, V), sem esquecer a previsão de acesso à educação infantil (art. 208, IV). Do ponto de vista jurídico, qualificar uma prestação social como "direito público subjetivo" significa afirmar a possibilidade de sua satisfação pela via judicial, sem espaço para "*avaliações meramente discricionárias da Administração Pública*", nem subordinação a "*razões de puro pragmatismo governamental*"[4]. Isso quando houver omissão ou defeito relevante da atividade estatal, por (a) ausência de planejamento e de iniciativas visando à sua efetividade; (b) não aplicação dos respectivos percentuais

4. BRASIL. Supremo Tribunal Federal. Agravo Regimental no Recurso Extraordinário 639.337/SP. Relator: Min. Celso de Mello. Publicação: Diário de Justiça Eletrônico, 15 set. 2011.

orçamentários e (c) descumprimento de obrigações constitucionais e legais relativas à política pública[5].

Dito isso, iniciemos pelo elencamento dos partícipes do direito à educação, rol cujo teor se adéqua à perspectiva democrática. À enunciação dele como "direito de todos e dever do Estado e da família", a ser promovido com a "colaboração da sociedade, visando ao pleno desenvolvimento da pessoa, seu preparo para o exercício da cidadania e sua qualificação para o trabalho", corresponde a concepção básica de uma educação democrática, em que o reconhecimento de cada qual se dá como partícipe ativo da vida em comum (Laval, 2023, p. 24). Nesse desenho, dizer, de forma ampla e genérica, que a educação é direito de todos e dever do Estado e da família, com a colaboração da sociedade, implica estabelecer obrigações determinadas (por exemplo, de o município prestar educação fundamental), responsabilidades compartilhadas (ao passo que ao município incumbe organizar e pôr em funcionamento a rede municipal de Ensino Fundamental, aos pais e professores incumbe zelar pela assiduidade e aproveitamento nas atividades de ensino) e também salientar a necessária relação de cooperação entre instituições de ensino, família e sociedade como um todo no processo educativo.

Já ao veicular os objetivos da educação ("o pleno desenvolvimento da pessoa, seu preparo para o exercício da cidadania e sua

---

5. Assim o tribunal sintetizou seu posicionamento, em diretriz vinculante: "1. A educação básica em todas as suas fases – Educação Infantil, Ensino Fundamental e Ensino Médio – constitui direito fundamental de todas as crianças e jovens, assegurado por normas constitucionais de eficácia plena e aplicabilidade direta e imediata. 2. A educação infantil compreende creche (de zero a 3 anos) e a pré-escola (de 4 a 5 anos). Sua oferta pelo Poder Público pode ser exigida individualmente, como no caso examinado neste processo. 3. O Poder Público tem o dever jurídico de dar efetividade integral às normas constitucionais sobre acesso à educação básica (STF, Tema 548)".

qualificação para o trabalho"), o contorno constitucional contrapõe-se à instrumentalização do sistema escolar como meio para a implementação de um projeto de pessoa e de sociedade atrelado à lógica neoliberal, na qual individualismo, atomização e concorrência se apresentam como motores da subjetivação e da vida social (Foucault, 2021). O desenvolvimento da pessoa, vista a partir de sua dignidade, e não como objeto do processo educativo, implica a construção da capacidade de alteridade e da aptidão para a cidadania, atributos bem distantes da racionalidade neoliberal, que, como política antidemocrática, ruma para o desmantelamento da sociedade e o destronamento da política (Brown, 2019).

Tais horizontes estão presentes na compreensão que STF dá ao direito à educação. Segundo o tribunal, o ensino "[...] não se restringe apenas ao lado puramente técnico, ou seja, de transmissão do saber, mas representa um importante fator de socialização e de integração do indivíduo na coletividade, aplainando diferenças de renda, cor, gênero, origem, dentre outras", sendo uma "empreitada coletiva", a fim de impedir fragmentação, intolerância e divisões de toda ordem[6]; "[...] o direito à educação transcende a esfera de interesse das crianças", requerendo política pública com efeitos transversais, em face da desigualdade social e de gênero; pois, "se é objetivo da República Federativa do Brasil aquele de 'construir uma sociedade livre, justa e solidária' (art. 3°, I, CF), então é dever deste Tribunal considerar que a educação, inclusive da primeira infância, é um projeto de Estado, um projeto de Nação. E, como tal, afigura-se

6. BRASIL. Supremo Tribunal Federal. Recurso Extraordinário 888.815/RS.

prioritário no planejamento e execução orçamentários, acima de contingências políticas e governos de momento"[7].

Os princípios fundamentais e o desenho institucional que se encontram na trama do regime jurídico do direito à educação (liberdade, igualdade, pluralismo e gestão democrática), por sua vez, convergem com aqueles necessários para a realização de uma educação democrática (liberdade de pensamento, igualdade no acesso à cultura e ao conhecimento, desenvolvimento de uma cultura comum para a democracia, participação democrática tanto pedagógica como institucional). Com efeito, a liberdade de aprender, ensinar, pesquisar e divulgar o pensamento, a arte e o saber (art. 206, II), junto com a liberdade de "expressão da atividade intelectual, artística, científica e de comunicação" (art. 5°, IX), integra a "liberdade de transmissão e recepção do conhecimento" (Silva, 1992, p. 226), sendo reconhecidas, desde os clássicos do direito brasileiro, como indispensáveis, "sob pena de absorção do processo gnosiológico pelo político" (Pontes de Miranda, 1987). Esse feixe de liberdades aponta para âmbitos especiais de autonomia que não se eximem da lealdade à Constituição democrática (Hesse,1998, p. 310).

Tais liberdades requerem não somente a dimensão protetiva, de não intervenção na liberdade alheia, com a proscrição da censura, mas também apresentam dimensões positivas, como ocorre com a liberdade de expressão e a liberdade de informação. A conjugação das proteções negativas, de não intromissão, com as dimensões positivas, de garantia e promoção de condições para a democracia (Sarlet, 2016), constituem o direito de liberdade como um todo, dando corpo a esse princípio de

---

7. BRASIL. Supremo Tribunal Federal. Recurso Extraordinário 1008166/SC.

forma mais completa e integral também no campo educacional. Com efeito, essas liberdades são essenciais não somente como possibilidade de desenvolvimento da personalidade mediante a proibição da censura à comunicação dos pensamentos e convicções de cada um. Ela também se aplica às circunstâncias de agressão e falsidade visando à manipulação do outro[8].

O princípio da igualdade, junto com a liberdade, perfaz a coluna vertebral do direito à educação democrática. Desde a previsão de igualdade de condições para o acesso e permanência na escola (art. 206, I) até a garantia às comunidades indígenas da utilização de suas línguas maternas e processos próprios de aprendizagem (art. 210, p. 2), passando pelo atendimento especializado a pessoas com deficiência preferencialmente na rede regular de ensino (art. 208, I), percebe-se a conjunção de diversas dimensões da igualdade no âmbito educacional. Com efeito, igualdade de oportunidades (também presente no art. 208, VII, ao prever programas suplementares de material didático-escolar, de transporte, de alimentação e de saúde), igualdade de tratamento (veja-se o art. 208, IX, quanto ao direito à educação e aprendizagem sem distinção de idade) e igualdade de resultados (garantia de educação básica gratuita também àqueles que a ela não tiveram acesso na idade própria – art. 208, I) apresentam-se de modo complementar e concomitante no regime constitucional do direito à educação democrática.

O convívio imprescindível da liberdade com a igualdade conduz e informa, por sua vez, o pluralismo e a participação de-

---

8. Adotam-se, aqui, considerações desenvolvidas em RIOS, R. R.; RESADORI, A. H. Gênero e seus/suas detratores/as: "ideologia de gênero" e violações de direitos humanos. *Rev. psicol. polít.*, v. 18, n. 43, p. 622-636, 2018. Disponível em: https://pepsic.bvsalud.org/scielo.php?script=sci_arttext&pid=S1519-549X2018000300012 – Acesso em: 5 mar. 2025.

mocrática na esfera educacional. As liberdades educacionais democráticas, em sincronia com a igualdade, dão suporte aos valores democráticos e exigem arranjos institucionais requeridos próprios de sociedades pluralistas e respeitosas dos indivíduos e de suas diferenças, esfera em que sobressai a laicidade. Nesse quadro constitucional, quando não há espaço para diálogo e para exercício da razão crítica e honesta no ambiente escolar, o convívio plural será prejudicado, pois estarão silenciadas as experiências e visões de mundo que não estão em consonância com as visões das maiorias ou da tradição. Acaso frustrado o convívio plural, compromete-se substancialmente o preparo para o exercício da cidadania, pela privação de um espaço de socialização privilegiado e apropriado a tal aprendizado. Nas palavras de Savater (2015):

> O que fica evidente é que a educação deve ser uma preocupação pública, porque não é um problema de pai, mãe, menino e menina, mas um problema da sociedade. As sociedades democráticas educam em autodefesa, isto é, para se protegerem: se uma sociedade não cria cidadãos capazes de viver harmoniosamente, se não cria o tipo de cidadão capaz de participar de forma crítica e construtiva nas instituições, está condenada a não ser mais do que uma democracia de fachada ou nome, mas não uma democracia real, porque estas exigem democratas, e os democratas não são plantas selvagens que nascem entre as pedras por acaso, mas algo que tem que ser cultivado socialmente pela via da educação.

Ou, como disse Marshall (1967, p. 73):

> A educação das crianças está diretamente relacionada com a cidadania, e, quando o Estado garante que todas as crianças serão educadas, este tem em mente, sem sombra de dúvida, as exigências e a natureza da cidadania. Está tentando estimular o desenvolvimento de cidadãos em formação. O direito à educação é um direito social de cidadania genuíno porque o objetivo da educação durante a infância é moldar o adulto em perspectiva. Basicamente, [o direito à educação] deveria considerar-se não o direito de a criança frequentar a escola, mas o direito de o cidadão adulto ter sido educado.

Esse prejuízo vai além da esfera do indivíduo e compromete o funcionamento democrático das instituições, pois a prática da participação e da deliberação coletivas, que requerem a capacidade de conviver e dialogar num mundo de diferenças e de diferentes, não foi bem-sucedida. Sem a observância de um direito à educação democrática, perpetram-se, ademais, violações à dignidade das/dos estudantes, professoras/es participantes da comunidade escolar que não se encaixam nos modelos preconizados por esses grupos, o que produz e alimenta uma espiral de ódio e violência que começa no contexto escolar (Lionço; Diniz, 2009).

Dentre os inúmeros desdobramentos que decorrem dos princípios da liberdade, da igualdade, do pluralismo e da participação para o direito à educação democrática, vale ter em mente os alertas de Gordon (1984), ao examinar precedentes, legislação e literatura jurídica especializada: (a) que não há liberdade de expressão se for aniquilada a capacidade crítica dos/as envolvidos/as na comunidade escolar, mediante o artifício da censura a debates e conteúdos expostos de forma apropriada, honesta e dialógica; (b) que o direito dos pais de educarem seus filhos em casa não implica transformar a escola em extensão doméstica; (c) que a transmissão das crenças morais familiares aos filhos compete aos pais, sendo indevido converter a escola em instrumento de doutrinação da moral familiar, em prejuízo do direito à informação e da capacidade crítica dos estudantes; (d) que o contexto escolar, onde existe praticamente uma audiência cativa, implica interesse público na educação para a cidadania e para a democracia plural, evitando a manipulação e deturpação dos debates; (e) que o direito de os/as estudantes receberem informações não distorcidas deve ser sempre garantido, inclusive ao buscar informações além daquelas referidas pelo sistema escolar; (f) que as escolas não podem prescrever imperativamente dogmas em matéria de política, nacionalismo, religião e outros temas de opinião; (g) que proibições curriculares sobre o estado da arte de determinados temas, livre de distorções e manipulações, violam a liberdade de pensamento, de expressão e do direito à informação dos estudantes, além de afrontar os objetivos e princípios do direito à educaçã; e (h) que medidas como a imposição de leitura bíblica, a vedação a teorias científicas como a da evolução, a introdução de conteúdos acríticos e tendenciosos laudatórios do capitalismo e maldizentes do comunismo sem possibilitar informação e debate, criam uma "obrigação de ortodoxia" e violam o direito de aprender e de ensinar e a liberdade de expressão.

Dada essa arquitetura igualitária que permeia o regime constitucional do direito à educação, não há como negar sua correspondência ao ideal de uma educação democrática, seja no âmbito escolar, seja na afirmação de formas de vida mais amplas, que se dão nos domínios do social e do político. A confluência de práticas informadas por esses princípios constitucionais, por sua vez, abre caminho para a construção de um mundo comum que possibilite o convívio democrático, colocando não só a pergunta sobre "que conteúdos culturais uma democracia deve transmitir por meio da educação para que ela seja a mais realizada possível, ou seja, para que os indivíduos que a fazem viver sejam realmente iguais em todos os domínios da existência, livres em seus julgamentos políticos e éticos, ativos na cooperação social e econômica, responsáveis pelo vínculo com as espécies não humanas e com a Terra" (Laval, 2023, p. 125), como também realçando a natureza militante das práticas educacionais. Ao mesmo tempo em que se ressalta a não compartimentalização da educação democrática ou sua restrição a um ou outro nível de ensino ou instituição escolar, devem-se ter presentes as **especificidades que dizem respeito ao meio universitário**, em particular à relação entre autonomia didático-científica e liberdade de cátedra.

O regime constitucional universitário compreende quatro esferas de liberdade institucional (Standler, 2000): autonomia didático-científica, autonomia administrativa, gestão financeira e gestão patrimonial. Conforme a compreensão do STF, as esferas administrativa, financeira e patrimonial são instrumentais em relação à autonomia didático-científica, a qual, por sua vez, vincula-se essencialmente à liberdade de cátedra. A autonomia constitucional, aqui, configura garantia da instituição universitária perante a ingerência de terceiros, também podendo dar causa a conflitos internos, como não raro ocorre, por exemplo, em universidades confessionais. Dada a missão principal atribuída à educação superior na ordem constitucional – que é a promoção do conhecimento científico –, é de se ressaltar que a autonomia consagrada constitucionalmente às instituições universitárias, sejam elas públicas ou privadas, é a autonomia didático-científica[9]. Esta não é uma autonomia para qualquer ato, muito menos de uma esfera arbitrária do poder de autogestão da instituição universitária, visando a objetivos outros que não relativos ao ensino, à pesquisa e à extensão do conhecimento científico. A autonomia, aqui, é um poder-dever destinado à consecução da atividade didático-científica[10], donde também

---

9. Um quadro abrangente que sistematiza o regime jurídico da autonomia didático-pedagógica pode ser encontrado em Bastos Júnior (2006, p. 184-186, reproduzido ao fim deste capítulo).

10. Disto seguem várias consequências tanto para a autonomia universitária quanto para a liberdade de cátedra. Para a primeira: do ponto de vista da autonomia universitária (Rios, 2006), ficam estabelecidas: "(1) a proibição de dispensa de professores em face de divergência ideológica diante das convicções do professor, sob pena de violação das liberdades fundamentais de opinião, de convicção filosófica e política, e de religião; (2) a proibição de preterição de candidato em processo de contratação de professores em virtude do mesmo motivo acima mencionado; (3) a proibição de exclusão de conteúdo e de investigação de temas pertinentes aos cursos e pesquisas dirigidas pelo professor, em virtude de divergência ideológica, sob pena de violação frontal da liberdade de cátedra; (4) o dever de não restringir os conteúdos dos cursos e programas à exposição unilateral dos pontos de vista mais confortáveis à orientação confessional, bem como a promoção do pluralismo de ideias e de concepções pedagógicas, o respeito à liberdade e o apreço da tolerância" (Lei n. 9.394, art. 3°, III e IV). Por sua vez, para a liberdade de cátedra, estabelecem-se: "(1) o dever de observar a autonomia didático-científica da universidade confessional, não omitindo conteúdos e temas científicos relevantes para a orientação confessional e ideológica da instituição universitária, desde que previstos no currículo proposto pelos órgãos universitários competentes e relacionados com o desenvolvimento da ciência; (2) o dever de respeitar as convicções confessionais e ideológicas peculiares da instituição universitária, bem como sua organização peculiar, abstendo-se de uma postura de combate e antagonismo pessoais ante tais características (trata-se, no Direito francês, do denominado 'dever de reserva' dos professores empregados junto ao ensino confessional (Favoreu, 1995); (3) a proibição da crítica não científica, unilateral, sem demonstração conceitual e sistemática, que, sem razões contrárias, não é controlável para os estudantes, no que se refere aos conteúdos e pontos de vista relevantes para a orientação confessional do estabelecimento de ensino; (4) o dever de tratar cientificamente os conteúdos e pontos de vista relevantes para a orientação confessional, previstos no currículo dos cursos e programas oferecidos, o que implica a obrigação de observar o método científico e a objetividade no desenvolvimento desses temas, bem como a manifestação dos pressupostos ideológicos e sociais dos quais eles se derivam".

se pode concluir que a autonomia institucional universitária, no regime constitucional brasileiro, não autoriza – antes, pelo contrário, repele – interpretações que tentem legitimar uma liberdade de agir visando à proteção de fins religiosos ou instrumentalização ideológica (Hesse, 1998).

Quanto a esses potenciais desvirtuamentos, nunca é demais salientar o **papel fundamental que a laicidade desempenha** no direito à educação democrática, cuja essencialidade é inegável em particular como garantia da esfera de liberdade didático-científica[11]. Como princípio de organização da vida estatal na democracia, ela leva a sério a igualdade de todos os cidadãos. Ela impede vantagens ou prejuízos a indivíduos e grupos por motivo de crença religiosa.

Na laicidade, a irrelevância e o afastamento de conteúdos religiosos decorrem dos pressupostos necessários para o convívio democrático em sociedades plurais, cujo teor não se coaduna à dinâmica de argumentos de fé. Em sociedades democráticas, dada a valorização e o respeito ao pluralismo, os processos de tomada de decisão política, a execução das políticas públicas e a educação pública necessitam ser acessíveis a todos os cidadãos, tanto pelos instrumentos de participação disponíveis quanto pela possibilidade de compreensão e das razões invocadas nesses âmbitos. Argumentos religiosos, por definição, emanam de revelação divina, diante dos quais os fiéis devem obediência (Vier, 1984a); para os crentes, a fé é, ao fim e ao cabo, a luz

11. Tomam-se, aqui, as considerações desenvolvidas em RIOS, R. R. A laicidade e os desafios à democracia no Brasil: neutralidade e pluriconfessionalidade na Constituição de 1988. *In*: NARDI, H. C.; MACHADO, P. S.; SILVEIRA, R. S. *Diversidade sexual e relações de gênero nas políticas públicas*: o que a laicidade tem a ver com isso? Porto Alegre: Deriva/Abrapso, 2015, p. 17-38.

que tudo deve iluminar (Vier, 1984b) e, mesmo no terreno das ciências que se debruçam sobre as realidades terrestres, religiosos têm na fé sobre aquilo que foi revelado por Deus o teste final para a correção do método científico (Vier, 1984b). Argumentos religiosos, ao veicular certos conteúdos e defender certas posições, fundam-se na obediência àquilo que se acredita revelado pela divindade, não na razão humana que busca apreender e compreender a realidade, de modo esforçado, metódico, humilde e aberto à dúvida e à contestação[12] (Diniz, 2006).

Com efeito, dentre os fundamentos da laicidade encontram-se os direitos fundamentais de liberdade e de igualdade, como também o pluralismo, compreendido como princípio de organização do Estado que se contrapõe à concentração e à unificação do poder (Bobbio; Mateucci; Pasquino, 1986). Ao lado deles, aparece a diversidade como outro dos fundamentos da laicidade, entendida como multiplicidade de convicções religiosas (em que se insere, não é demais lembrar, a ausência de crença religiosa). No debate sobre os elementos essenciais à compreensão da laicidade, destacam-se: (a) a legitimidade das instituições

12. Nesse contexto, pode-se compreender a afirmação do Supremo Tribunal Federal, que, mesmo diante da conclusão pela constitucionalidade do Estatuto da Igreja Católica no Brasil (acordo firmado pelo país com a Santa Sé) e pelo direito ao ensino religioso facultativo, sublinhou que esse não se confunde com ramos do conhecimento científico, como história, filosofia ou ciência das religiões. Cf. BRASIL. Supremo Tribunal Federal (Tribunal Pleno). Ação Direta de Inconstitucionalidade 4439/DF. Ensino religioso nas escolas públicas. Conteúdo confessional e matrícula facultativa. Respeito ao binômio laicidade do Estado/liberdade religiosa. Igualdade de acesso e tratamento a todas as confissões religiosas. Conformidade com o art. 210, §1°, do texto constitucional. Constitucionalidade do artigo 33, caput e §§ 1º e 2º, da Lei de Diretrizes e Bases da Educação Nacional e do Estatuto Jurídico da Igreja Católica no Brasil promulgado pelo Decreto 7.107/2010. Ação direta julgada improcedente. Relator: Min. Roberto Barroso. Redator do acórdão: Min. Alexandre de Moraes. Julgamento: 27 de setembro de 2017. Publicação: 21 de junho de 2018. Diário de Justiça Eletrônico, Brasília, DJe-123, 20 jun. 2018. Disponível em: https://jurisprudencia.stf.jus.br/pages/search/sjur387047/false – Acesso em 2 ago. 2025.

políticas radicada na soberania popular, não mais em conteúdos religiosos (Blancarte, 2008); (b) a "relação-chave" com os direitos fundamentais de liberdade religiosa, de consciência e de igualdade (Huaco, 2008) e (c) trata-se de instrumento para a gestão das liberdades e direitos de todos os cidadãos (Blancarte, 2008). Daí a formulação jurídica da laicidade a partir dos textos internacionais protetivos de direitos humanos, quando estes garantem as liberdades de pensamento, de consciência e de religião, como também quando afirmam a igualdade de todos, a não discriminação e o combate à intolerância[13].

3.3 A educação democrática sob ataque: "escola sem partido", "ideologia de gênero", "ensino domiciliar" e militarização escolar

No contexto de crise democrática que hoje se experimenta, apresentam-se movimentos cujas concepções se contrapõem e obstaculizam o direito humano e fundamental à educação democrática, como os assim denominados "escola sem partido" (Mesp) e "ideologia de gênero". Longe de se revelarem casos isolados, eles se somam a proposições que igualmente minam as bases do direito constitucional à educação, como se verifica nos projetos de militarização escolar e na pretensão de "ensino domiciliar" ("*homeschooling*"). Nesta seção, faz-se uma breve descrição de cada um desses projetos, seguido do crivo de seus pressupostos na perspectiva do direito constitucional à educa-

13. Ver a Declaração Universal de Direitos Humanos (art. 18), o Pacto Internacional de Direitos Civis e Políticos (art. 18), a Convenção Americana de Direitos Humanos (art. 12), a Declaração sobre a Eliminação de todas as Formas de Intolerância e Discriminação fundadas na Religião ou nas Convicções (art. 1) e a Convenção Interamericana contra todas as formas de Discriminação e Intolerância (art. 1).

ção democrática. Iniciemos pelo chamado **"movimento escola sem partido"**[14].

Em síntese, esse movimento sustenta: (a) a prevalência da liberdade paterna por sobre diretrizes educacionais e pedagógicas públicas: "[...] ou bem mandam os pais, ou bem mandam os professores", sob pena de "[...] solapar a autoridade moral dos pais sobre seus filhos, o que arruinaria de vez a já combalida família brasileira" (Brasil, 2014); "O educador usurpa uma função que é da família" (Wurmeister, 2012); (b) a defesa da própria família como instituição social, uma vez que tornar os filhos reféns das imposições do sistema nacional de educação levaria ao distanciamento de pais e filhos; (c) a proteção à família em face do sistema educacional, de modo análogo às salvaguardas previstas diante dos meios de comunicação social (Luna, 2017); (d) a suficiência da inserção da previsão geral e universal do direito à não discriminação, sem destaque para determinados critérios (como raça, região, gênero e orientação sexual) (Anajure, 2015); (e) a violação da proteção constitucional da liberdade religiosa, em que está incluído o proselitismo como direito à expressão e manifestação religiosa e à possibilidade de mudança de religião (Anajure, 2015); (f) enfrentar o discurso de ódio institucionalizado no sistema educacional, voltado contra os valores de paz, tolerância e respeito da nação brasileira, na medida em que o tipo "branco, masculino, de classe média, adulto, heterossexual, ocidental e sem deficiência" é apresentado como alvo de desconstrução do sistema nacional de educa-

14. Valemo-nos, aqui, da pesquisa RIOS, R. R.; MELLO, L. E. de. A ofensiva neoliberal ao direito da antidiscriminação: a expansão da liberdade protegida no Supremo Tribunal Federal e na Suprema Corte dos EUA. *Revista Direito e Práxis*, v. 14, n. 3, p. 1874–1903, 2023. Disponível em: https://doi.org/10.1590/2179-8966/2023/78331 – Acesso em: 5 mar. 2025.

ção (Anajure, 2015); (g) o direito de pais e tutores de que seus filhos recebam educação religiosa e moral de acordo com suas próprias convicções, pelo que "[...] a escola, o currículo escolar e o trabalho pedagógico realizado pelos professores em sala de aula não deve entrar no campo das convicções pessoais e valores familiares dos alunos da educação básica. Esses são temas para serem tratados na esfera privada, em que cada família cumpre o papel que a própria Constituição lhe outorga de participar na educação dos seus membros" (Brasil, 2018); (h) proteção às liberdades de consciência e de crença, e ao pluralismo, diante da doutrinação de professores do público cativo de seus alunos (Nagib, 2020); (i) o ambiente de sectarismo produzido pela doutrinação, com estigmatização de certas perspectivas políticas e ideológicas, criando condições para a emergência de *bullying* político e ideológico praticado pelos próprios estudantes contra seus colegas (Brasil, 2016).

Tais proposições se contrapõem ao direito à educação democrática. Com efeito, conforme inclusive decidido em várias oportunidades pelo Supremo Tribunal Federal, (a) a educação deve ser instrumento de superação da incompreensão, do preconceito e da intolerância (Medida Cautelar na Arguição de Descumprimento de Preceito Fundamental (ADPF) n. 465 – Brasil, 2018); (b) faz-se necessária a proteção da autoestima e da dignidade das crianças e jovens vítimas de preconceito e estigmatização nas escolas (Arguições de Descumprimento de Preceito Fundamental (ADPF) n. 462 – Brasil, 2019 e n. 465 – Brasil, 2018); (c) está afirmada a proibição de censura prévia na comunidade escolar (Arguição de Descumprimento de Preceito Fundamental (ADPF) n. 457 – Brasil, 2020); (d) o dever estatal de combater as desigualdades e as discriminações não pode ser descurado, inclusive no que se refere aos padrões culturais vigentes, sem o que se cristaliza uma cosmovisão de gênero e de sexualidade que ignora o pluralismo da sociedade moderna (Arguição de Descumprimento de Preceito Fundamental (ADPF) n. 457 - Brasil, 2020); (e) há que se compatibilizar os direitos dos pais à educação sexual de seus filhos com os objetivos educacionais das escolas públicas e dos direitos de personalidade e autodeterminação dos menores (Arguição de Descumprimento de Preceito Fundamental (ADPF) n. 457 - Brasil, 2020); (f) os processos formativos devem ir ao encontro dos valores democráticos constitucionais tanto na vida familiar, na convivência humana, no trabalho, nas instituições de ensino e pesquisa, nos movimentos sociais quanto nas organizações da sociedade civil e nas manifestações culturais (Arguição de Descumprimento de Preceito Fundamental (ADPF) n. 526 - Brasil, 2020); (g) o pluralismo de ideias é incompatível com a falácia do mito da neutralidade (Arguição de Descumprimento de Preceito Fundamental (ADPF) n. 460 - Brasil, 2020); (h) o direito à educação não pode prescindir do papel socializador da escola e da valorização do professor (ADPF 460); (i) os valores da tolerância e da não discriminação são ínsitos ao direito à educação democrática (Arguição de Descumprimento de Preceito Fundamental (ADPF) n. 460 - Brasil, 2020); (j) a vagueza e a generalidade das vedações previstas nas leis patrocinadas pelo Mesp, sob o pretexto de evitar "doutrinação ideológica" e o risco de sua aplicação seletiva e parcial, colocam em grave risco o direito à educação (Arguição de Descumprimento de Preceito Fundamental (ADPF) n. 461 - Brasil, 2020; ADIn n. 5.537); (k) o processo educativo não pode olvidar que a escola e a família estão dentre os principais espaços de discriminação e de estigmatização de crianças e jovens transexuais e homossexuais, diante do que o direito à educação não deve se omitir (ADPF n. 461 e ADIn n. 5.537).

Esses conteúdos e exigências do direito à educação afirmam-se a partir de uma compreensão mais ampla e sistemática dos princípios constitucionais, atenta desde o início ao conteúdo e à proteção do próprio direito de liberdade (com consideração específica da vulnerabilidade de indivíduos e de grupos discriminados e também dos educadores), como também de sua concordância prática com a tolerância, a igualdade, a dignidade e os direitos de personalidade, dentre outros direitos e bens constitucionais. Daí a conclusão não só pelo dever de proteção e reforço em pé de igualdade da esfera de liberdade pessoal de crianças, de adolescentes e de professores no âmbito educacional, como também pela necessidade de superar a tentativa de eliminar a circulação de informações, ideias, conteúdos e materiais sobre a diversidade sexual e o pluralismo moral presentes na sociedade nacional.

Mas não é só pela emergência do Mesp que o direito à educação democrática sofre violações. No pânico moral que hoje grassa em nossas sociedades (Miskolci; Campana, 2017), mobiliza-se uma ofensiva ao que se acoima de **"ideologia de gênero"**[15]. De fato, setores conservadores, com inspiração marcadamente religiosa, têm denunciado políticas públicas, incrementado polêmicas e tentado revogar antigas iniciativas e impedir novas medidas que, abertas aos estudos de gênero contemporâneos, problema-

15. Nesta análise, nos valemos do desenvolvido em RIOS, R. R.; RESADORI, A. H. Gênero e seus/suas detratores/as: "ideologia de gênero" e violações de direitos humanos. *Rev. psicol. polít.*, v. 18, n. 43, p. 622-636, 2018. Disponível em: https://pepsic.bvsalud.org/scielo.php?script=sci_arttext&pid=S1519-549X2018000300012 – Acesso em: 5 mar. 2025.

tizem a naturalização das desigualdades entre homens e mulheres e a heteronormatividade compulsória. No Brasil, manifestação disso foram os episódios envolvendo a aprovação do Plano Nacional de Educação a partir de 2010. Durante as discussões na Câmara dos/as Deputados/as, as bancadas conservadoras retiraram esses temas do Plano, alegando o perigo de destruição da família, dos valores morais e o avanço das pautas LGBTQI.

Essas mobilizações ganharam corpo e fizeram da "ideologia de gênero" um alvo político persistente. Setores conservadores relacionaram a suposta ideologia a questões da sexualidade e, partindo de concepções essencialistas, biologizantes e deterministas de sexualidade e gênero, estimularam o pânico moral de que "[...] a ação pedagógica nas escolas possa embaralhar estas certezas, fornecendo às crianças e jovens caminhos ditos como 'não naturais', fruto de influência justamente da ideologia de gênero" (Seffner, 2016, p. 8). O ataque à "ideologia de gênero" conecta-se ao Mesp na medida em que este vê a educação como "um processo eminentemente técnico, que seria mais bem realizado na ausência de discussões políticas, em um ambiente de neutralidade" (Seffner, 2016, p. 9), como se a própria ausência de discussões políticas não fosse também uma decisão ideológica.

O direito à educação democrática é particularmente tensionado por esse movimento, uma vez que seus conteúdos e princípios são diretamente contestados, com consequências para as abordagens, posturas e métodos de ensino, além de desdobramentos na definição dos direitos e deveres de estudantes e professoras/es e repercussões na organização escolar e na relação escola-comunidade. Nesse horizonte adverso ao direito à educação democrática não se avistam somente a ofensiva antigênero e a “escola sem partido”. Os intentos de **militarizar o processo educativo** e de apartar crianças e adolescentes do ambiente escolar, por sua vez, também minam os conteúdos e princípios constitucionais no campo educacional. Com efeito, concepções militares, em que obediência e hierarquia são treinadas como disciplina tendente à rigidez e ao fechamento na comunidade escolar, criam ambientes inóspitos à participação democrática e ao aprendizado do mais amplo e saudável exercício da liberdade e da igualdade. Promove-se, assim, deseducação de alunos, de professores e de toda a comunidade para o convívio e a construção coletiva e responsável de um mundo comum permeado por diferenças (Cunha; Lopes, 2022).

Os desdobramentos perniciosos da militarização ao direito à educação são vários e disseminados: além do embrutecimento para a liberdade, a igualdade, o pluralismo e o preparo para a cidadania responsável, também são postos em risco gravíssimo os princípios da liberdade de cátedra, da gestão democrática, da autonomia didático-científica e da liberdade de ensinar, pesquisar e aprender; sem esquecer efeitos desproporcionais de exclusão de estudantes pertencentes a grupos discriminados e da prática de censura (cf. Alfano, 2023), além do emprego de recursos públicos divorciado dos fins constitucionais das instituições de ensino, com enfraquecimento do sistema público de educação como um todo (Carvalho; Zientarski; Rech, 2022).

Ao longo desta breve análise sobre as oposições ao direito à educação, enfatizou-se a incompatibilidade das propostas da ofensiva antigênero, do Mesp e da militarização do ambiente escolar. A cada um desses momentos, foi-se demonstrando de que modo são lesionados os princípios constitucionais que configuram o direito à educação (liberdade, igualdade, pluralismo, respeito à dignidade, participação e gestão democrática, desenvolvimento da cidadania). Por sua vez, quando se examina a pretensão de **"ensino domiciliar" (o chamado "*homeschooling*")**, prevalece o entendimento de que o afastamento do convívio familiar e comunitário viola o direito à educação.

Isso porque "a educação é um direito fundamental relacionado à dignidade da pessoa humana e à própria cidadania, pois exerce dupla função: de um lado, qualifica a comunidade como um todo, tornando-a esclarecida, politizada, desenvolvida (CIDADANIA); de outro, dignifica o indivíduo, verdadeiro titular desse direito subjetivo fundamental (DIGNIDADE DA PESSOA HUMANA)", de acordo com o Recurso Extraordinário 888.815/RS do Supremo Tribunal Federal. Daí as conclusões (1) pela inconstitucionalidade de todas as formas de ensino domiciliar que não observem "o dever de solidariedade entre a família e o Estado como núcleo principal à formação educacional das crianças, jovens e adolescentes" e (2) pela inexistência de um direito público subjetivo do aluno ou de sua família ao ensino domiciliar (Tema 822).

A partir dessa "dupla função", explicitou-se que tanto a "desescolarização radical" quanto a "desescolarização moderada" (modalidades da chamada "*unschooling*") são incompatíveis com o direito à educação. Aquela, radical, por reservar somente aos pais o direito de educar os filhos e vedar ao Estado instituir escolas e currículos; esta, moderada, por sustentar competir exclusivamente aos pais a escolha pela educação institucionalizada pelo Estado ou pelo ensino domiciliar, com plena liberdade de conteúdo e método, sem qualquer interferência, ou mesmo supervisão, estatal. Na mesma linha, o "*homeschooling* puro", que coloca a educação como tarefa primordial da família, cabendo ao Estado atuar subsidiariamente de modo alternativo, pela oferta de escolas somente quando os pais se considerarem incapazes de educar seus filhos por si sós, também foi considerado conflitante com a constituição.

Registre-se que o Supremo Tribunal Federal admitiu, dadas certas condições, a possibilidade de regulamentação por lei ordinária da modalidade indicada como "*homeschooling* utilitarista", em face de circunstâncias especiais, desde que os conteúdos básicos do ensino sejam atendidos, a supervisão, a avaliação e a fiscalização periódicas sejam permitidas, e se concretize o dever solidário da família e do Estado. Essa menção abre espaço para o debate sobre o conteúdo e os limites de eventual regulamentação da educação domiciliar por legislação infraconstitucional em face do regime de escolarização obrigatória – mas sua necessidade, importância, limites e desafios são uma tarefa que vai além dos limites deste trabalho (Vasconcelos; Bot, 2020).

Sistematização da abrangência da autonomia didático-pedagógica (conforme nota 9 deste capítulo)

Autonomia coletiva (Autonomia institucional da IES)	**Autonomia didática** (IES)	Abrangência	- Direção do ensino, organização acadêmica (direito de organizar o ensino, a pesquisa e a extensão; de criar e extinguir cursos; de elaborar e estabelecer currículos para a graduação e a pós-graduação; de estabelecer critérios de acesso de alunos em todos os níveis e de conferir certificados e diplomas); - Definição dos projetos pedagógicos institucionais e das opções pedagógicas fundamentais.
		Limites e controle estatal	Regulamentação estatal: - Normas gerais de organização; - Fixação de diretrizes curriculares gerais; - Fiscalização a partir de padrões de qualidade.
		Garantias institucionais	- Não interferência do Estado para além da fixação de diretrizes e regras gerais de organização; - Demarcação constitucional e legal do âmbito da autonomia normativa (art. 53 da LDB).
		Deveres fundamentais	- Vinculação material à promoção das finalidades públicas do Ensino Superior (art. 206 da CF); - Preservação e promoção das liberdades acadêmicas (pluralismo de ideias, liberdade de cátedra e liberdade de aprendizagem).

	Autonomia científica (IES)	Abrangência	- Definição das políticas e diretrizes de pesquisa e dos programas de extensão universitária.
		Limites e controle estatal	- Fiscalização de resultados (dos recursos públicos investidos em pesquisa); - Proteção estatal contra o cerceamento da autonomia individual.
		Garantias institucionais	- Definição da atividade de pesquisa independentemente de sua imediata aplicabilidade política ou econômica.
		Deveres fundamentais	- Vinculação material à promoção das finalidades públicas do Ensino Superior (art. 206 da CF); - Preservação e promoção das liberdades acadêmicas (não interferência na autonomia individual de iniciativa científica).
	Dever geral de democracia interna	Princípio da coletividade	- Propiciar: (a) pluralismo de ideias; (b) responsabilidade compartilhada; (c) política de participação de todos os interessados nas atividades e nas estruturas internas de tomada de decisão; e (d) criação de mecanismos consultivos. - O princípio é aplicável às decisões relativas: (a) à política de Ensino Superior; (b) aos currículos dos cursos; (c) à política de investigação científica e aos programas de extensão universitária; e (d) à alocação de recursos.

Autonomia individual (Comunidade acadêmica)	**Liberdade de cátedra** (Professores Lehrfreiheit)	Abrangência	- Liberdade de ensinar e debater (método científico aceito pela comunidade científica); - Liberdade de pesquisa (levar a cabo investigações científicas, sujeitos à responsabilização pessoal, à ética profissional e ao rigor intelectual próprio de sua área de investigação); - Liberdade de publicação dos resultados e benefícios; - Liberdade de expressar livremente sua opinião sobre a IES e sobre o sistema de ensino; - Liberdade de participar em órgãos profissionais e organizações acadêmicas; - Liberdade de prática de atividades extramuros (limites de regime de trabalho de contratação: Dedicação Exclusiva, Dedicação Parcial); - Liberdade de intercâmbio e cooperação internacional (ressalvadas a segurança nacional e propriedade intelectual).
		Limites e controle institucionais	- Responsabilização dos professores pelas atividades extramuros danosas à imagem institucional; - Avaliação de desempenho para titularização e para análise do "período de prova".

		Garantias institucionais	- Garantia do exercício das liberdades civis, como qualquer cidadão (contra interferências do Estado); - Garantia contra qualquer espécie de censura institucional; - Liberdade de ensino (não deve ser obrigado a ministrar disciplinas que contradigam seus conhecimentos e consciência, nem a aplicar planos de estudos ou métodos contrários às normas internacionais de direitos humanos); - Garantia contra despedida arbitrária e desmotivada e aplicações de sanções disciplinares (garantia do devido processo legal); - Garantia de acesso à docência (livre de quaisquer discriminações, exceto relacionadas com políticas afirmativas).
		Deveres fundamentais	- Respeito às liberdades acadêmicas dos demais membros da comunidade.

Autonomia individual (Comunidade acadêmica)	**Liberdade de aprendizagem** (Estudantes Lernfreiheit)	Abrangência	- Liberdade de expressão de pensamento e de compreensão crítica dos conteúdos (dever correlato de dar conta do conteúdo programado); - Liberdade de associação; - Liberdade de pesquisa; - Direito de participação em órgãos acadêmicos colegiados; - Direito à existência de política de subsídio e de financiamento público dos estudos; - Liberdade de imprensa (imprensa universitária).
		Limites e controle institucionais	- Sujeito ao regime disciplinar institucional (assegurado o devido processo legal).
		Garantias institucionais	- Garantia contra prejuízos resultantes de avaliações capciosas (em face do docente); - Informações sobre o estudante obtidas no curso das atividades acadêmicas são protegidas contra divulgação indevida (sigilo profissional); - Garantia de exercício das liberdades civis, em atividades na universidade e fora dela.
		Deveres fundamentais	- Respeito às liberdades acadêmicas dos demais membros da comunidade.

4
Para fazer a educação democrática acontecer

Neste capítulo apresentamos um conjunto de proposições, ideias, sugestões, temas, conceitos e provocações para o trabalho em torno da educação democrática. Tais sugestões configuram um vocabulário que possibilita pensar na democracia que necessitamos construir. Não apresentamos sequências didáticas completas, pois reconhecemos que os modos de inserir a educação democrática nos currículos escolares dependem muito de cada contexto. As proposições que seguem constituem um recurso para montar estratégias pedagógicas, no interior de disciplinas, em projetos interdisciplinares, em atividades especiais. Elas foram pensadas prioritariamente para o ambiente escolar, e também para o ambiente do Ensino Superior. Trazemos proposições que podem ser aplicadas também em associações comunitárias, organizações da sociedade civil, movimentos sociais, no ambiente de trabalho, em cooperativas, em grupos de jovens. Iniciamos por algumas considerações de natureza político-pedagógica. As atividades buscam sempre localizar um conflito, e assumir que o conflito é legítimo e necessário de ser discutido, de modo democrático. O outro, aquele que pensa de modo diverso, não é um inimigo, é alguém que pensa diferente. Estabelecer alguma restrição ao direito de divulgar ideias é algo que ocorre apenas quando tais ideias propagam discursos de ódio contra grupos sociais, ou quando as ideias contribuem para reduzir a densidade democrática, levando os regimes ao processo que denominamos de autocratização, e dali a ditaduras e tiranias, de direita ou de esquerda. Defender a ditadura não é liberdade de expressão, é discurso de ódio que viola as regras do ordenamento democrático. O que chamamos até agora de educação democrática pode ser melhor definido como uma educação democrática e para a vida na democracia. O próprio processo é democrático, e o objetivo do processo é radicalizar a democracia, tanto no sentido conceitual quanto na instauração de práticas e políticas públicas que ampliem o direito a ter direitos de todos, todas e todes. Estas diretrizes encontram guarida no princípio constitucional da Constituição Federal de 1988 que estabelece a gestão democrática da escola (Brasil, 1988).

Os objetivos político-pedagógicos da educação democrática estão em estreita sintonia com os conceitos de reconhecimento e redistribuição, que constituem eixo importante da obra da filósofa Nancy Fraser e cuja implicação para as questões em educação está discutida em Soares (2021). Toda atividade em educação democrática deve ter um eixo de reconhecimento, que diz respeito à importância de reconhecer, valorizar e respeitar as diferentes identidades culturais, particularmente aquelas dos grupos vulneráveis na vida social. O objetivo final das lutas por reconhecimento é de que toda e qualquer pessoa seja respeitada e tratada como igual na sociedade, fazendo valer um dos princípios básicos da democracia, a igualdade. Em uma sala de aula, isso implica a princípio reconhecer que cada aluno e aluna ali presente é uma complexa articulação entre muitos marcadores sociais da diferença: gênero (Se reconhece como homem? Como mulher? Gênero neutro? Não binário?); raça (Se identifica como negro, pardo, branco?); etnia (Se identifica com pertença aos povos originários, ou a outras correntes migratórias?); orientação sexual (Em qual das muitas posições da sigla LGBTI+ o sujeito se sente confortável?); pertencimento religioso (Dentro do vasto mundo das crenças e confissões religiosas, com qual, ou quais, a pessoa se identifica?); origem regional (De qual ambiente no Brasil a pessoa é proveniente: urbano, rural, do norte, do sul, do nordeste?); estrutura familiar (Quais as principais características da estrutura familiar em que a pessoa vive?); deficiência (A pessoa se enquadra em alguma das muitas possibilidades de deficiência hoje existentes e reconhecidas?). Há muitos outros marcadores sociais da diferença, e várias dessas combinações produzem situações de desvalorização, exclusão ou invisibilização na sociedade. Reconhecer a existência desses marcadores na sala de aula, assumir que trazem um potencial de conflito à convivência coletiva, assumir que tal conflito é legítimo e matéria importante para debate e criação de regras de convivência, está em sintonia com a Constituição Federal de 1988, que estabelece como objetivo fundamental da República Federativa do Brasil a construção de uma sociedade justa, livre e solidária (Brasil, 1988). Tal modo de pensar o trabalho pedagógico guarda estreita sintonia com o que se discute em Ribeiro (2019) acerca do lugar de fala. Não se trata apenas de explicitar o contexto de onde se fala, mas também de saber quem fala. Tais procedimentos enriquecem a democracia, ampliam o conhecimento e a pluralidade de vozes, e fornecem elementos importantes no desenho de atividades em educação democrática.

O segundo eixo que marca uma atividade em educação democrática é que ela se ocupa da questão da redistribuição, ela estuda a desigualdade econômica e social, traço forte da sociedade brasileira, abordando como os recursos e as oportunidades são distribuídos. A desigualdade permite saber da distância econômica, política e cultural que existe entre pessoas ou grupos, o que estabelece condições desiguais quando se demanda acesso a oportunidades ou a benefícios sociais. O Brasil infelizmente habita os relatórios mundiais de desigualdade desde longa data, em posições que mostram claramente as características de uma sociedade desigual e excludente, e tais dados são disponíveis na íntegra em livre-acesso[16]. O fato de que o Brasil habita, há muitas décadas, posições negativas nos *rankings* mundiais de desigualdade é indicador de que a desigualdade entre nós é continuamente alimentada. Se há razões históricas para tal situação, como o evidente fato de termos sido colônia de outros países por muito tempo, a manutenção dessa situação no momento em que estamos entre as dez maiores economias do mundo mostra que há certa engrenagem em funcionamento, na sociedade brasileira, que produz desigualdade. É disso que se ocupa a educação democrática, pois a desigualdade compromete a democracia. Em qualquer disciplina, em qualquer atividade ou projeto de estudos, será possível ter um olhar para identificar como ali a desigualdade se coloca, que informações existem sobre a desigualdade naquele tema, que estratégias podem ser pensadas para reduzir ou eliminar tal desigualdade. Ela é uma marca fun-

16. Recomendamos a consulta às bases de dados nos bancos do World Inequality, em https://inequalitylab.world e https://inequalitylab.world/en/, e do World Economic Forum, em https://www.weforum.org/stories/equity-diversity-and-inclusion/, todos com foco em indicadores do campo da educação.

damental da sociedade brasileira, e com isso se explica em boa parte o fato de também sermos uma sociedade muito violenta.

As atividades em educação democrática devem evitar a ênfase exclusiva em apenas um dos dois eixos citados. Não se trata de estudar um tema apenas na ótica da redistribuição econômica, por exemplo, unicamente para concluir que devemos exigir salários mais elevados para pessoas pretas e pardas. E não se trata de abordar um tema apenas na ótica do reconhecimento cultural, por exemplo, unicamente para concluir que devemos respeitar as pessoas pretas e pardas. Ficar preso a apenas um dos eixos é insuficiente para o estudo da complexidade dos temas em educação democrática. A situação de justiça social, que traz qualidade aos regimes democráticos, só virá com dois pilares, a garantia do respeito pela não discriminação e a garantia da redistribuição pelo acesso justo a bens e recursos materiais. Esse modo de ver as coisas se conjuga com outro conceito importante, o de não ser esquecido no momento de produzir atividades em educação democrática, que se traduz pela interseccionalidade. Tal conceito pede atenção ao estudo dos modos como os diferentes marcadores sociais da diferença produzem diferentes modos de opressão e como interagem, conforme se discute em livro de Karla Akotirene (2019).

A educação democrática pressupõe um empenho constante, em geral por parte de professores e professoras, para garantir a tarefa da escola de local de estudo de todos os temas, e pelo direito dos e das jovens ao mais elevado nível de formação possível. Por conta disso, projetos que buscam retirar da escola o estudo de determinados temas – como o projeto intitulado "ideologia de gênero", que visa proibir o estudo escolar de questões ligadas à construção das características da masculinidade da feminilidade e das relações de gênero, ou as demandas de famílias para que não se estude a história afro-indígena-brasileira, ou para que seus filhos possam sair da sala quando se estuda o evolucionismo – devem ser rechaçados. A desinformação é, no contexto atual, uma política levada a cabo pelas forças da extrema-direita, e ela representa poder para determinados grupos interessados em reduzir o ambiente democrático. Entendemos como desinformação tanto os movimentos para claramente impedir o debate de determinados temas na cultura escolar quanto os processos de difusão massiva de informações claramente falsas, em plataformas digitais, que ganham repercussão quando pessoas e mídias que desfrutam de alto reconhecimento também as reproduzem. A desinformação não é um equívoco ou um acidente de comunicação, ela é uma estratégia deliberada de influenciar – ou manipular – a opinião pública, tendo em vista interesses bem específicos, como desacreditar uma liderança cultural, um partido político, uma instituição, um programa de estudos.

As plataformas digitais obtêm lucros com o trânsito das informações e ajudam a dar tração ao fenômeno, não verificando a qualidade da informação, pois seus ganhos vêm da circulação delas. O compartilhamento de informações sem a devida checagem das fontes, prática comum entre usuários e usuárias das redes sociais, amplia a difusão da desinformação. Quando na escola lutamos para manter o estudo de todos os temas considerados relevantes, estamos em sintonia com a educação democrática. Junto com a desinformação, muitas vezes acompanhada do que conhecemos como *fake news*, notícias falsas, vem a cultura do ódio e a possibilidade de manipulação das pessoas, retirando-lhes a autonomia que lhes possibilitaria decidir por meio de critérios racionais e razoáveis muitas questões. A desinformação produz também desconfiança nas instituições, nas políticas públicas baseadas em evidências e na ciência em geral. Estudar todos os temas na escola não impede que famílias, redes sociais, confissões religiosas e outras instâncias também os abordem. A escola aborda tais temas pela ótica do conhecimento científico acumulado, e para isso tem autonomia assegurada na legislação.

As conexões entre o marcador social geração e o tema da democracia são um campo de estudos de muita importância na cultura escolar. Conforme já demonstramos no capítulo que tratou da democracia, diversas pesquisas mundiais apontam que está entre os mais jovens a maior taxa de desilusão com os regimes democráticos. Isso traz desafios a programas de educação democrática. O principal deles é que atividades que principiam com comentários negativos acerca dos políticos (parlamentares, gestores) podem acabar levando a comentários negativos acerca da atividade política em geral, gerando o desejo de afastamento desses ambientes. Mais ainda, por vezes as críticas aos políticos e ao parlamento alimentam um viés de que as decisões deveriam ser tomadas por técnicos especializados, sem consulta à população. Tal ideia desconhece o fato de que a competência técnica não vem desacompanhada de posições políticas. Isso lembra outra conexão bastante importante, aquela entre juventudes e liberdade de expressão. Tradicionalmente se atribui aos jovens o desejo de liberdade, e de liberdade de expressão em particular, e aos mais velhos o estabelecimento da censura sobre tais liberdades. Nas pesquisas que já apresentamos no primeiro capítulo, os jovens reclamam de não serem escutados e consultados pelos políticos. Tais fronteiras merecem estudo mais detalhado e interessam à educação democrática. Em pesquisa realizada no ano de 2022, com jovens de 16 a 24 anos, acerca das conexões entre juventudes e democracia na América Latina, envolvendo Argentina, Brasil, Colômbia e México, apresenta-se um resumo dos dados do Brasil:

> Brasil: a política como um todo é vista como totalmente corrompida e envelhecida. Há uma tendência de buscar na política o que parece autêntico, novo, e também a transparência (prestação de contas) via redes sociais. O voto em Bolsonaro (atual presidente de extrema-direita[17]) é defendido por quem o considera autêntico, honesto e uma "novidade". Jovens bolsonaristas chegam a defender autoritarismo e fechamento de instituições como forma de fortalecer a democracia (Solano; Rocha, 2022, p. 48).

Aparecem oposições entre velho (corrompido) e novo (autêntico), e entre democracia e autoritarismo. Ocupar as ruas, protestar e fazer oposição ao sistema marca a etapa juvenil da vida, e tradicionalmente foi visto como forma de ampliar a densidade democrática, forçando a consulta popular, as eleições, a prestação de contas dos políticos. Entretanto, nas últimas décadas se converteu em uma ação de extrema-direita, com a participação de grupos de jovens com ideário reacionário e autoritário. O inconformismo das novas gerações com as debilidades da democracia vem tomando a forma do populismo de direita, o que implica ataques à democracia. Este é um tema que deve merecer atividades, em torno da atitude de indignação, muitas vezes associada às culturas juvenis que fazem a denúncia da precariedade da vida, como é o caso de letras de *funk* ou de *hip-hop*, bem como o *slam*. O *slam* é uma modalidade de batalha verbal poética, realizada em ambiente público, com forte participação

17. Presidente do Brasil à época da pesquisa.

da assistência, com *performance* corporal e vocal vigorosa, e que não envolve acompanhamento musical. A observação dos campeonatos de *slam* e a escuta das declamações fazem perceber que temos ali a voz dos grupos sociais vulneráveis e marginalizados, criando um espaço de expressão política da indignação das culturas juvenis. Para compreender a necessidade da indignação, bem como suas conexões com a luta pela ampliação da democracia e pelos direitos humanos, recomendamos o livro *Indignai-vos!*, de autoria de Stéphane Hessel (2012), que traz o sugestivo subtítulo "um apelo contra a indiferença e a favor da insurreição pacífica". A indignação é abordada no livro como originária da vontade de se comprometer com a história e com a necessidade de romper a ética do empreendedorismo individual, apostando em saídas coletivas e na ampliação do espaço comum. Em sintonia com os dados que apresentamos no primeiro capítulo em torno da insatisfação com a qualidade das democracias liberais, verificamos que os movimentos sociais de jovens dos anos 2010 tinham um componente mais forte em torno da ampliação dos direitos sociais e da democracia. A participação dos jovens nos movimentos sociais dos anos 2020 parece ter mudado de signo ideológico, e o inconformismo de hoje traz demandas de maior autoritarismo, inclusive com apoio explícito a regimes de ditadura militar. Exige-se liberdade individual, inclusive para ser a favor de ditaduras.

A liberdade e a igualdade constituem dois elementos essenciais da democracia, e também das proposições de educação democrática. Trata-se de analisar, então, a que liberdade nos referimos. Uma liberdade que, evidentemente, não queira derrubar a democracia para propiciar que alguns se imponham como tirania, fechando instituições democráticas. A liberdade que valorizamos, em sintonia com a democracia, é uma liberdade no sentido da participação política, que garante o governo da maioria, qualificado pelo respeito aos direitos humanos e fundamentais de todos, todas e todes. Também as liberdades individuais são garantidas pela democracia, mas elas têm igualmente sua face coletiva. Não podemos pensar a liberdade de crença, a liberdade de expressão e a liberdade de pensamento simplesmente como liberdades individuais, pensadas de modo atomizado e excludente das demais liberdades. Elas são sobretudo liberdades políticas. Elas não podem ameaçar a densidade democrática, e não podem contribuir para ampliar a vulnerabilidade de grupos sociais por vezes já marginalizados. Em muitos discursos da extrema-direita a liberdade é pensada apenas como liberdade individual atomizada, e se opõe de modo flagrante ao bem comum. É o que vemos nas questões ambientais, quando proprietários de grandes terras optam pelas queimadas, como modo de resolver seus problemas com baixo custo, sem levar em conta os enormes prejuízos para o meio ambiente, alegando que são proprietários individuais das terras e têm liberdade de empreender. Compreender como se dão os processos de inserção das juventudes no terreno da política passa pela compreensão das Tics (tecnologias de informação e comunicação). A já citada pesquisa de Solano e Rocha nos indica que:

> Hoje os jovens percebem a realidade política circundante através das redes, fato que tem diversas implicações. A política chega até eles não só em formato de notícia, mas principalmente em formato de comentário, reação a ou debate de uma notícia ou de um acontecimento, o que faz com que percebam a política atrelada às dinâmicas de polarização e ao efeito-bolha. Nesse sentido, a postagem, o clique, o curtir são formas de vínculo afetivo. "Postar coisas do dia a dia" é uma

> forma de se aproximar de outras pessoas e de procurar identificações com os outros. Quando o jovem se expressa politicamente nas redes e recebe *feedbacks* positivos ou negativos, em forma de *likes*, *dislikes* ou comentários, está constituindo uma rede de socialização e politização (Solano; Rocha, 2022, p. 49).

As constatações do estudo acima trazem implicações para pensar a educação democrática. O chamado efeito-bolha designa a tendência das pessoas a viverem cercadas apenas de informações, opiniões e grupos sociais que confirmem suas próprias crenças. Com isso, elas buscam evitar ou ignorar perspectivas diferentes. A própria moradia em condomínios fechados, muito incentivada nos dias de hoje por conta da segurança, traz consigo a noção de que no interior de tais condomínios estaríamos morando apenas com nossos iguais, livres dos perigos das diferenças. A cultura escolar é um local de diversidade, e o forte processo de inclusão ocorrido a partir da Constituição Federal de 1988 ampliou isso. No Ensino Fundamental temos índices próximos de cem por cento das crianças e dos jovens frequentando a escola. No Ensino Médio os números não são tão elevados, mas a visita a qualquer escola comprova que o processo de inclusão escolar trouxe para essa etapa uma diversidade de jovens, conforme os marcadores sociais da diferença expostos acima. Uma menina evangélica pode estar sentada ao lado de, ou na mesma sala de aula que, um menino assumidamente *gay*. Um rapaz com alguma deficiência divide espaço com colegas sem deficiência. Uma menina que pensa em abandonar os estudos em determinado ponto, se casar e ter filhos faz os trabalhos de grupo com outras duas colegas que pretendem seguir seus estudos, não querem se casar e não querem ter filhos. Embora muito se fale acerca da enorme diversidade que existe no mundo virtual, a maior parte das pessoas navega nele em bolhas, ou câmaras de eco, expressão que designa o fato de que dizemos algo, e escutamos como retorno algo muito parecido. É função da educação democrática estimular a circulação por ambientes de maior diversidade de pensamento e ali construir estratégias de diálogo, pois a falta de diversidade limita a compreensão do mundo e reforça preconceitos.

Uma série de atividades pode ser proposta em sala de aula para evitar o efeito-bolha ou diminuir sua intensidade. Em geral vamos procurar para o convívio pessoas com quem temos afinidade, e não se trata de criticar isso. A educação democrática busca evitar os excessos da falta de circulação por ambientes diversos, que se conhece pelo nome de efeito-bolha e que traz implicações já comprovadas para a qualidade da democracia. Três consequências do efeito-bolha podem render bons debates e estudos entre as juventudes. A primeira delas é a polarização social, certo radicalismo de opiniões que deriva do fato de não estarmos expostos a contrapontos quando afirmamos certas coisas. Associado a isso, em geral os grupos escolhem inimigos, supostos ou imaginários, para justificar suas próprias escolhas, e com isso acirram a polaridade amigo/inimigo a um ponto que impede ou dificulta de modo muito severo o diálogo e a convivência. A segunda delas é a desinformação. Uma vez que nos informamos apenas em algumas fontes que coincidem com o pensamento que já temos ou as crenças que alimentamos, terminamos por desconhecer outras informações que podem deslocar aquelas em que acreditamos, ampliando a qualidade dos nossos raciocínios. A desinformação produz sujeitos tendentes a acreditar em informações falsas e reproduzi-las. A terceira delas é a dificuldade em estabelecer diálogo com quem pensa diferente, e por vezes até mesmo com quem habita a minha bolha, pois me limito a concordar ou discordar, dar *likes* ou *dislikes*, e não exerço a argumentação racional no debate. Se fico apenas no terreno do gostar ou não gostar, com facilidade uma relação pode sofrer cancelamento, pois não há espaço para diálogo. Não entender a diversidade do mundo é também um problema de ordem cognitiva, assim como a incapacidade de lidar com informações divergentes em torno de um determinado tema afeta a cognição. As práticas de educação democrática buscam estimular o diálogo entre posições divergentes por meio de argumentação racional, com a apresentação de fontes e com direito a ampla liberdade de perguntar e de responder em torno do tema. Em termos cognitivos, refletir sobre a possibilidade de estar errado e manter uma mente aberta ao debate são elementos essenciais.

Discordar de alguém e seguir considerando este alguém um ser humano é algo que traz ao debate os direitos humanos e a solidariedade. As relações entre os humanos são relações de poder e envolvem o debate acerca da justa distribuição de poder entre homens e mulheres, negros e brancos, nacionais e estrangeiros, jovens e velhos, heterossexuais e homossexuais, crentes e não crentes, deficientes e os não deficientes etc., todos, igualmente, humanos. O poder circula, se faz nas relações e se cristaliza por vezes em instituições. Só posso considerar que existam relações de poder quando eu e o outro somos considerados por igual seres humanos, tendo o mesmo direito à vida, podendo discordar e seguir vivendo. Se eu retiro o outro da condição de ter poder, também eu o destituo da condição de sujeito humano. Aí não temos mais relações de poder, temos a pura violência da dominação e da ditadura. O outro não é mais ser humano, é alguém a ser eliminado, é inimigo, é infame, é abjeto. O exercício da solidariedade traz indagações acerca dos modos de lidar com todas essas situações.

A modalidade de solidariedade que nos interessa aqui, para conexão com a educação democrática, não é exatamente aquela que se verifica no interior dos grupos que se formam em torno de identidades e que têm certa homogeneidade. Também não é aquela própria das famílias, unidas por laços de sangue. Em tais grupos entregamos e recebemos em geral a confirmação dos nossos gostos, ideologias, crenças e valores. Um grupo de senhoras da terceira idade, um grupo de homens adeptos de um time de futebol, um grupo político partidário, e outros dessa natureza, são locais para reconhecimento da identidade. Certamente as pessoas ali presentes não concordam em tudo, mas elas se reúnem em torno daquilo em que concordam, e isso gera certa solidariedade, definida aqui como um cuidado e um respeito pelos integrantes. Esses grupos são importantes para a produção de autoestima e para a proposição de ações coletivas. Para o exercício do regime democrático necessitamos de mais do que isso. Grupos de afinidade por identidade podem recair em um funcionamento que consideramos politicamente pobre, estando pouco inclinados a valorizar a produção das diferenças e a promoção da emancipação.

A modalidade de solidariedade que dialoga mais de perto com a educação democrática é a solidariedade genérica, a que se dá fora do grupo de pertença por afinidade de identidades. A solidariedade genérica é aquela que pode acontecer na relação de um indivíduo com o outro, por serem os dois igualmente seres humanos e portadores, então, dos direitos humanos. Nesse sentido, ela pode ser vista como uma solidariedade cidadã, em sintonia com o que aparece nos debates em âmbito jurídico e na Constituição Federal de 1988. A solidariedade genérica pode acontecer também na relação entre coletivos que se reconhecem igualmente humanos, embora possam ter ideias diversas e ocupar lugares de fala distintos. Um elemento importante da solidariedade genérica é que ela se produz entre pessoas que podem não se conhecer, mas se reconhecem na condição de portadoras de direitos humanos, na sua condição de humanidade. A solidariedade genérica resgata um elemento fundamental da noção histórica de "*modus vivendi*": a capacidade de construir acordos entre indivíduos e grupos cujas opiniões diferem, percebendo a diferença, mas não a tomando no código amigo/inimigo. A solidariedade genérica amplia a noção de solidariedade no interior do grupo, como é o caso da solidariedade das feministas e dos feministas entre si, e se opõe ao banalizado conceito de lealdade ao grupo, próprio do pensamento militar da extrema-direita, próprio das milícias, que restringe a condição de humano aos chamados "cidadãos de bem" e reforça a lógica amigo/inimigo. A solidariedade genérica é aquela de quem, não sendo soropositivo, consegue perceber que vive em um mundo em que a aids é um agravo de saúde importante. Quem, não passando fome, reconhece que a fome é uma realidade brasileira para muita gente. Quem nunca sofreu de racismo, mas percebe que vive em um mundo onde o racismo machuca muitas vidas, e isso lhe traz a sensibilidade para ser antirracista. A noção de democracia como um regime pedagógico do direito a ter direitos, sendo os direitos individuais sempre também direitos coletivos, necessita do exercício dessa solidariedade genérica. Que não se pode confundir nem com a caridade, nem com o voluntariado de quem, episodicamente, percebe que há pessoas que sofrem no seu entorno e lhes alcança alguma ajuda. Tais atitudes, mesmo que meritórias, não guardam relação com a construção efetiva de um regime democrático, pois não resolvem o problema da desigualdade.

O já referido estudo de Esther Solano e Camila Rocha (2022), em torno das juventudes e da democracia na América Latina, mostrou que os jovens valorizam as eleições e o ato de votar. Entretanto, consideram que isso não é suficiente para alcançar as mudanças desejadas na sociedade. Em sintonia com outros trabalhos de pesquisa no tema, o relatório indica que as juventudes se mobilizam em boa parte pela adesão a movimentos sociais que lidam com causas específicas, a saber: a emancipação feminina; as questões da discriminação racial; a luta pelos direitos da população LGBTI+; a causa do aquecimento global; as disputas que envolvem direitos como transporte e moradia; exigências em termos de vagas públicas e da qualidade na educação básica e também na educação superior; as demandas dos movimentos que representam a deficiência; a luta pela liberdade de expressão artística e musical dos valores das culturas juvenis; as reivindicações em torno dos temas da saúde e da prevenção de enfermidades. Podemos classificar os movimentos citados em dois grupos: aqueles chamados, em geral, de identitários – movimentos como o da população LGBTI+ – e movimentos em torno de causas que articulam várias identidades – como é o caso dos que lidam com a crise climática e seus desdobramentos. O processo de radicalização da democracia que defendemos envolve a ampla participação de todos esses movimentos na definição dos rumos da vida política.

Com isso, pensamos uma educação democrática articulada de modo efetivo com a luta antirracista, com a luta feminista, com a luta contra a homofobia, com as campanhas para frear o aquecimento global e introduzir a noção de sustentabilidade na organização social, dentre outras. Não consideramos que há oposição entre lutas por reconhecimento e por redistribuição. Ao contrário, consideramos que é o conjunto dessas lutas, e seus modos de articulação, que pode radicalizar a democracia, tornando-se efetivamente um governo do povo, pelo povo e para o povo. Nosso esforço é sair dos limites da chamada democracia liberal, que deixou por cumprir grande número de suas promessas de igualdade e liberdade, e radicalizar nosso imaginário democrático em sintonia com as lutas dos movimentos sociais mencionados. Tais lutas só podem ter alguma chance de sucesso na redução ou eliminação da vulnerabilidade social dos grupos por identidade e na construção de um mundo sustentável se conseguirem ajudar na criação de um ambiente democrático, em que a voz e as manifestações dos sujeitos precários possam se expressar e fazer valer sua vontade.

Tomando como lente de análise uma sala de aula, ou mesmo uma escola inteira de educação básica, temos cinco marcadores sociais da diferença que atuam de forma intensa. A classe de alunos é composta de estudantes brancos e não brancos; é composta de meninas e meninos e não binários e não binaries; é composta de estudantes situados em diferentes posições em termos de consumo ou até mesmo de classe social; é composta de estudantes que se identificam de modo prioritário com alguma das posições de sujeito no amplo universo da orientação sexual (heterossexual, lésbicas, *gays*, travestis e transexuais, intersex, pessoas queer, assexual, bissexuais, poliamorosos, pansexuais etc.); é composta de estudantes com adesão a diferentes modos de professar a religião ou a adesão ao transcendente. Deixamos de fora neste momento o marcador social geração, tendo em vista que classes de estudantes são em geral organizadas de modo a haver certa homogeneidade nesse quesito. Todos os cinco marcadores citados se articulam em torno de dois processos: a produção da diferença, e a possibilidade de conflitos.

Como temos afirmado neste livro, o conflito por conta da divergência de opiniões é considerado ilegítimo pela educação democrática e, segundo ela, deve encontrar canais de expressão e debate. Dessa forma, a estratégia pedagógica, e política, para lidar com tais marcadores sociais da diferença é estar atento aos modos como o conflito se manifesta, e então realizar ações educativas em torno dele. Tomemos o caso das questões raciais. Ao contrário do que muito se diz, professores e professoras que abrem espaço para atividades que discutam as relações raciais não estão "levando" o conflito racial ou o racismo para dentro da sala de aula. Ele já está lá, esteve lá desde sempre, e não há dia que não se manifeste, seja na forma de uma piada racista; na discriminação de um colega negro; no uso de linguagem abusiva em questões raciais; no trabalho com materiais didáticos que não refletem a realidade racial do país, privilegiando apenas a população branca. O conflito racial se fez mais intenso na sala de aula quando, particularmente após as determinações conquistadas na Constituição Federal de 1988, tivemos um movimento de ampla inclusão da população infantil e jovem na escola brasileira, de todas as classes sociais e de pertencimento racial. Mas mesmo antes, quando o alunado negro estava quase ausente das salas de aula, o conflito racial já se manifestava pela livre-expressão do preconceito em atividades diversas. Abordar tal conflito em sala de aula está de acordo com diretrizes educacionais já consolidadas no país, no campo da educação das relações étnico-raciais. Quem desejar abordar tais temas encontrará materiais produzidos e legitimados pelo uso e pela adequação às diretrizes educacionais em muitas plataformas[18].

Algo semelhante se passa com a composição em termos de gênero e orientação sexual em uma sala de aula, ou em qualquer outro agrupamento humano, seja no ambiente de trabalho, de lazer, de estudo, de prática religiosa, na família, na vida político-partidária, nos tribunais de justiça. Os agrupamentos humanos são compostos de pessoas que se identificam como homens ou mulheres, ou então como pessoas não binárias, e se identificam em um leque de possibilidades em termos de orientação sexual. Podemos tentar eliminar essa manifestação de diversidade, usando sempre chamadas do tipo "prezados senhores", mesmo quando a maior parte da audiência é feminina. A presença da diversidade de gênero e de orientação sexual em qualquer ambiente é desejável, e pode produzir conflitos. O exame de uma foto de posse presidencial, com o presidente ao centro e todos os ministros ao redor, pode revelar completa ausência de mulheres. Mesmo ali o conflito está presente, pois o poder político na democracia é representativo. Se não há mulheres na foto, pelo menos metade da população de um país não está representada. Há algo errado com a democracia que se alardeia, ela precisa ser radicalizada. Na imensa maioria das democracias do mundo, tornar pública sua orientação sexual não é bem-vindo sequer quando é para dizer "eu sou heterossexual", o que é a confirmação das normas de gênero e sexualidade, pois o ideal

18. Dentre os inúmeros repositórios que disponibilizam materiais e atividades, indicamos como sugestão para navegação: o Observatório da Equidade Racial em https://anansi.ceert.org.br/; a Coleção Educação e Relações Raciais da Ação Educativa em https://relacoesraciais.acaoeducativa.org.br/material/colecao-educacao-e-relacoes-raciais/; o Portal Geledés para produtivas articulações entre questões raciais e questões em gênero em https://www.geledes.org.br/.

da norma é que ela não precise ser enunciada, que as pessoas a ela se conformem sem nada dizer.

Também aqui se escuta por vezes o comentário "a professora levou esses assuntos de desigualdade de gênero e sexualidade e provocou conflito na sala de aula". O conflito, também neste tema, está presente, e desde sempre, nas salas de aula. Ele se manifesta pelo machismo e pelo assédio masculino; pelas piadas homofóbicas; pela falta de equidade de gênero nos grupos de tomada de decisão e de gestão na educação; pelas expectativas salariais que prejudicam as mulheres - maioria no magistério - mesmo quando no serviço público; pelas crenças educacionais que apostam mais nos meninos do que nas meninas em termos de desempenho cognitivo etc. Estratégias pedagógicas em sintonia com a educação democrática buscam identificar os conflitos, fazer ver que eles comprometem a democracia que temos, e a partir do diálogo em torno do conflito desenhar um imaginário de democracia como meta de lutas, que contemple a não discriminação por gênero e sexualidade, a equidade de gênero na disputa das possibilidades de trabalho, saúde, educação, previdência, acesso a bens etc. Em sintonia com a legislação educacional, com os acordos e protocolos que o Brasil compartilha com outros países do mundo, com os princípios da Constituição Federal de 1988, encontram-se disponíveis bases de dados e publicações que auxiliam a planejar atividades em torno dos marcadores sociais da diferença gênero e sexualidade não apenas na sala de aula, mas em outros ambientes[19].

---

19. Dentre os muitos repositórios e materiais existentes no Brasil, indicamos como porta de entrada no tema o *EduCapes*, banco de dados do governo federal que permite a busca pelas palavras gênero, sexualidade, escola, com grande número de indicações, em https://educapes.capes.gov.br/; o sítio web Gênero e Educação, em https://generoeeducacao.org.br/; e o portal da revista *Nova Escola* em https://novaescola.org.br/.

Examinemos agora o marcador social pertencimento religioso. A escola brasileira, mesmo quando pública e republicana, já foi extremamente católica, apostólica e romana. Por muito tempo a menina que desejava estudar no Curso Normal de Magistério devia mostrar atestado de batismo, bem como pertencimento familiar a uma paróquia católica. O Curso Normal era especialmente dirigido para o público feminino, e era visto como uma formação moral e disciplinadora. Apresentar documentos não apenas de batismo, mas de frequência religiosa em paróquia católica, bem como atestados de boa conduta e comprovação de catequese ou crisma, era prática rotineira. No cenário contemporâneo, o acesso à educação formal no Brasil, em qualquer nível, não necessita de nenhum documento comprovando filiação ou prática religiosa. Entretanto, a presença de símbolos religiosos especificamente católicos em escolas é notadamente evidente, e constitui objeto de disputa política e jurídica em muitos momentos. Mais ainda, o noticiário dá conta do modo autoritário como algumas lideranças de confissões cristãs pentecostais e católicas investem na tentativa de retirar da escola tanto sua autonomia quanto sua liberdade de ensinar e aprender, princípios assegurados na Constituição Federal. Essa busca de alinhar os ensinamentos escolares com a fé religiosa de grupos específicos constitui uma estratégia da chamada "teologia do domínio", abordada no primeiro capítulo deste livro.

O Brasil é um país de grande diversidade religiosa, não apenas pela pertença elevada de sua população a denominações específicas, mas também pela diversidade de modos particulares pelos quais os fiéis se filiam a cada confissão, e pela frequente manifestação de dupla ou até tripla pertença religiosa simultânea. O Brasil é reconhecido internacionalmente como um dos países com maior percentual de cidadãos e cidadãs que declara acreditar em Deus ou em um poder maior, conforme pesquisa realizada pelo Instituto Ipsos (Instituto Ipsos, 2023). A pesquisa, que tem alcance de amostragem mundial, indicou para o ano-base de 2023 que nove em cada dez brasileiros acredita em alguma forma de divindade transcendente. O país divide com a Colômbia e a África do Sul, todos empatados, a primeira posição mundial nesse *ranking*. A média mundial de crença religiosa na população encontrada nessa pesquisa foi de seis em cada dez pessoas da população declarando crença religiosa. Quando perguntados acerca da frequência regular a templos religiosos, a população brasileira se divide em duas metades quase simétricas: uma delas declara visitar o templo religioso ao menos uma vez por mês, enquanto a outra metade declara frequência irregular não periódica (Ipsos, 2023; Mori, 2023). O recenseamento geral do IBGE de 2022 coletou um dado novo na série histórica, que foi a quantidade de estabelecimentos religiosos existentes no país. A divulgação desse quantitativo ensejou grandes debates e muitas matérias na mídia, enfatizando que o somatório de estabelecimentos de ensino e de saúde não alcançava o número total de estabelecimentos religiosos. Colocada a questão dessa forma, parece haver uma oposição entre a missão dos estabelecimentos de saúde e educação e aqueles religiosos, modo de ver as coisas com o qual não concordamos. O que se pode depreender das pesquisas sobre o tema é a enorme importância do pertencimento religioso na sociedade brasileira:

> É preciso revisitar no debate público a ideia já fartamente demonstrada ao longo do tempo por vários sa-

> beres científicos em estudos seminais de que a religião é uma chave de entendimento relevante de nossa sociedade e é um atravessamento fundamental na vida brasileira. Portanto, é preciso ver com acuidade, para entender mais, inclusive no sentido de construir em diálogo com ela uma sociedade com mais bem-estar, direitos, democracia, laicidade – nessa terra de santa cruz e de tantas outras crenças, espiritualidades, assim como de não crenças e de gente sem religião. Enfim, o Brasil não é para principiantes, por isso, ainda mais instigante para todos nós (Fernandes, 2024).

O excerto acima introduz a necessidade de estudo das conexões laicidade e democracia, e laicidade e educação democrática. A laicidade é um princípio fundamental do Estado de Direito. Ela guarda estreita conexão com a democracia porque advoga pelo direito dos cidadãos e cidadãs de um país de serem religiosos, se assim desejarem, e pelo dever de serem laicos, para que com essa postura possam respeitar o direito de outros e outras de terem suas próprias convicções. As convicções de cada um ou cada uma podem ser de pertencer a uma religião, ou não manifestar inclinação pela ideia do transcendente e do sagrado. A laicidade guarda estreita conexão com as liberdades laicas: liberdade de crença, liberdade de consciência, liberdade de pensamento, liberdade religiosa e liberdade de expressão. A laicidade é uma marca essencial da democracia que desejamos e do Estado que queremos, um Estado laico, na medida em que advoga que o Estado seja neutro em relação à religião, ou seja, não tenha uma religião. Desse modo, o regime democrático laico que desejamos permite que todas as pessoas possam livremente viver suas crenças religiosas, ou inclusive viver suas vidas sem conexão com nenhuma crença religiosa. Com isso, tal regime democrático inibe os casos de intolerância religiosa, infelizmente uma marca ainda muito presente na sociedade brasileira, particularmente contra as religiões de matriz africana[20].

As liberdades laicas protegem tanto os religiosos quanto os não religiosos, assegurando uma convivência plural e democrática. Ao contrário do que se diz em muitas propagandas da extrema-direita, ser laico não é ser antirreligioso. É respeitar o direito de todas as pessoas de viverem sua modalidade de relação com o sagrado, evitando que o Estado patrocine uma determinada religião, coagindo os cidadãos e cidadãs a seguirem aquela crença. O Estado laico e democrático assegura a liberdade religiosa, o que não se confunde com fomentar a religiosidade ou uma determinada confissão religiosa. Tais princípios estão expressos na Declaração Universal da Laicidade no Século XXI, que propõe um conjunto de diretrizes para uma acomodação razoável das diferenças religiosas na vida em sociedade. A laicidade não diz respeito apenas ao campo da educação. Conforme se discute em Giumbelli e Camurça (2024) e Cunha, Morais e Duarte (2025), a laicidade é uma lente analítica na compreensão de governos e partidos políticos; na compreensão da relação religiões e Estado em diferentes países; na análise das decisões dos tribunais superiores no caso brasileiro; no exame das políticas públicas de saúde mental e de oferta de tratamentos para situações de uso e abuso de drogas lícitas e ilícitas; na definição do calendário de feriados de um país; na compreensão das conexões entre o empreendedorismo de si no neoliberalismo e

---

20. Dentre os muitos repositórios sobre o tema da laicidade e da intolerância religiosa na educação, recomendamos a navegação no *Observatório da Laicidade na Educação*, em https://ole.uff.br/; na página do *Brasil Escola* que trata da intolerância religiosa em https://brasilescola.uol.com.br/sociologia/intolerancia-religiosa.htm; e especialmente no site *Religião e Poder*, que faz análises acerca do impacto da religião na vida política brasileira, em https://religiaoepoder.org.br/.

da teologia da prosperidade das igrejas evangélicas; na análise das atuações parlamentares em todas as casas legislativas; em acordos diplomáticos entre países; na observação das disputas entre as demandas de emancipação das mulheres e o discurso conservador que articula a família como base da sociedade; na oferta de um mercado religioso e suas conexões com o domínio de meios de comunicação, dentre outros temas. Conforme enfatizamos em diversos momentos deste livro, há pouca condição de falar em democracia em sociedades de muita desigualdade, o que é o caso da brasileira. O marcador pertencimento religioso é produtor de intolerância religiosa e de forte desigualdade no contexto político brasileiro atual. Tudo isso se reflete na cultura escolar, onde cada vez mais convivem, lado a lado, por longos períodos, crianças e jovens que são adeptos de grande diversidade de opções religiosas, além de jovens que não professam religião alguma. Os modos particulares como os e as docentes encaram seus pertencimentos religiosos, frente à tarefa educativa que realizam com crianças e jovens, constitui tema para reflexão. Tal reflexão deve operar no sentido de construção de um conjunto de comportamentos éticos da docência em sintonia com a laicidade e com o respeito pelas crenças do alunado. A trajetória escolar deve se dar em um ambiente laico, de modo a permitir a livre-expressão das manifestações religiosas e não religiosas, de modo tolerante e respeitoso.

As tecnologias digitais têm presença cada vez mais intensa em nossas vidas, e são particularmente importantes na trajetória escolar, além de objeto de desejo das culturas juvenis. Em todos os níveis de governo, e na gestão do Estado, as mídias sociais estão presentes. Comunicados oficiais que afetam a população de um país são feitos utilizando mídias sociais. As empresas que as controlam constituem um grupo de monopólio internacional muito restrito, com capital privado e poder político superior ao da maioria dos países do mundo. Se por um lado tais tecnologias permitem imaginar a possibilidade de participação mais intensa de cidadãos e cidadãs em decisões que afetam suas vidas e no controle social dos governos, por outro a gestão via algoritmos, que atendem aos interesses do neoliberalismo e do lucro das empresas, é fator que causa erosão na democracia. Em todos os países do mundo se vivenciam processos eleitorais em que governantes chegam ao poder utilizando campanhas digitais massivas, uso de robôs e prática de roubo de informações pessoais, além do uso de estratégias de desinformação e circulação do que vem sendo chamado de *fake news*, ou notícias falsas. As campanhas eleitorais ganharam ares que oscilam entre o *marketing*, a publicidade e o entretenimento, amparadas em sofisticados programas que visam controlar os comportamentos do eleitorado. O debate em torno da regulação ou não das redes sociais, e da necessidade de transparência em seus mecanismos de gestão da informação, é intensamente polarizado, e envolve processos de *lobby* muito poderosos sobre governos e casas legislativas. Em poucas décadas passamos de sociedades que tinham uma expectativa positiva em torno das mídias sociais – com elas haveria mais democracia, mais possibilidade de participação social, mais compartilhamento público e gratuito de conhecimentos, mais rapidez e entendimento no diálogo entre pessoas de diferentes locais – para sociedades em que as redes sociais são uma usina de produção de discursos de ódio. Temos uma explosão de casos de insegurança digital, generalizaram-se práticas de cancelamentos e linchamentos de pessoas e instituições, as redes constituem um território fértil para a disseminação de informações falsas e massivas. Com os recursos da inteligência artificial, temos episódios cada vez mais frequentes de produções audiovisuais que colocam na boca das pessoas falas que elas não fizeram; os casos de uso de nossas imagens pessoais para fins de pornografia gerou uma indústria de entretenimento e traz graves consequências para a vida das e dos jovens; o trabalhador que se conecta a essas redes sofre com uma tirania dos regimes de trabalho cujas tarefas sempre nos alcançam via redes e equipamentos, conforme se discute em Cesarino (2022), Morozov (2019) e Bezerra (2024).

A Base Nacional Comum Curricular (Brasil, 2018) dedica uma das suas competências gerais ao tema da Educação Digital e enfatiza não apenas a capacidade de lidar com ferramentas digitais, mas também a importância do uso crítico, ético e responsável das tecnologias digitais. Trata-se claramente de compreender o impacto de tais tecnologias nos debates políticos, nos processos eleitorais, na qualidade da democracia, na segurança digital das informações pessoais, nos perigos do monopólio privado internacional em torno do tráfego e da guarda de informações. Tais questões são extremamente relevantes para um programa de educação democrática, e estão em sintonia com um dado que aparece de modo recorrente nas pesquisas mundiais sobre utilização das redes. Os brasileiros ocupam posição de destaque no cenário mundial de acesso e intensidade do uso das redes, superando países do primeiro mundo. As democracias, e os governos democráticos, são locais, restritos a fronteiras dos países. No contexto contemporâneo, as redes sociais não conhecem fronteiras, e não apenas atravessam países como são algo que se poderia dizer sem local. Escapam com isso a regulamentações, eleições, julgamentos de opinião, responsabilizações. Estão em todos os lugares, e ao mesmo tempo não estão em nenhum lugar. Elas são geridas por um grupo restrito de bilionários, que representam uma junção entre os donos do dinheiro e os donos do poder da comunicação. Muitos elementos nos permitem traçar relações entre a enorme mudança nos padrões de comunicação, experimentados pelo uso intensivo de plataformas de redes sociais, e os problemas que afetam o funcionamento das democracias. O ativismo político e midiático presente nas redes influencia cada vez de modo mais decisivo os procedimentos deliberativos das democracias contemporâneas, e não apenas as eleições:

> [...] presenciamos a difusão de formas de comunicação que não são submetidas a critérios de validação e que, ao serem divulgadas em ampla escala, afetam a ancoragem da democracia e de suas formas de deliberação no campo da opinião pública (Avritzer, 2023, p. 14-15).

As afirmações e informações que circulam nas redes não passam pelo crivo de um jornalismo profissional, e menos ainda por alguma modalidade de aferição da verdade. A enxurrada de informações dissemina um conservadorismo que questiona os valores da razão iluminista que ordenam nosso mundo desde a Revolução Francesa, e que tem um viés antidemocrático evidente, insistindo na

> [...] retomada da centralidade da religião em relação à racionalização moral e o questionamento da noção de bom governo, ambos ancorados em uma visão ampla da liberdade de expressão como possibilidade de ataque aberto à democracia. [...] Nesse caso, uma forte reorganização do conservadorismo tendo como centro uma extrema-direita anti-iluminista, religiosa e moralmente regressiva está se utilizando das novas tecnologias de comunicação para realizar o mais potente

> ataque à democracia desde o período de entreguerras (Avritzer, 2023, p. 27-28).

A legislação educacional tanto incentiva o uso das Tics (Tecnologias da Informação e Comunicação), para aprender, pesquisar e resolver problemas, como também se ocupa com os problemas do uso excessivo do recurso a estar conectado, claramente um gerador de situações de ansiedade, o que se verifica no debate acerca do uso ou não do celular na sala de aula. As jovens e os jovens vão viver cada vez mais em um mundo onde as questões acerca da privacidade, do direito da imagem, do direito ao esquecimento, os movimentos sociais dos quais se participa apenas de modo online, a busca de parceiros ou parceiras mediada de modo intenso por plataformas de encontros, a explosão da indústria pornográfica nos ambientes virtuais, a possibilidade de trabalhar em casa o tempo todo, entre outros, serão marcas da sociabilidade. Como usar a tecnologia de modo democrático? Que não seja para reforçar o individualismo? São questões que devem guiar propostas de educação democrática[21].

---

21. Uma excelente aproximação aos debates acerca do uso e dos abusos das redes sociais pode ser feita utilizando filmes, documentários, entrevistas e podcasts sobre o tema. Sugerimos *O dilema das redes* (Jeff Orlowski, 2020); *Privacidade hackeada* (Jehane Noujaim e Karim Amer, 2019; *Sujeito a termos e condições* (Cullen Hoback, 2013); *Trust me* (Joe Phelps, 2020); *Fake famous: uma experiência surreal nas redes* (Nick Bilton, 2021); *O círculo* (James Ponsoldt, 2017, e também recomendamos o livro no qual o filme está baseado, com o mesmo título, de autoria de Dave Eggers, lançado em 2013); e episódios de podcasts como *Dadocracia* e *Fundação FFMS – [IN]Pertinente*. Como sugestão de atividade prática de experimentação, podemos pensar em um projeto em que a classe de alunos e alunas experimente a navegação em redes de natureza federada e descentralizada, como Mastodon (https://joinmastodon.org/pt-BR) e ou Bluesky (https://bsky.app/), onde usuários de cada local do mundo usam a mesma plataforma, mas as regras de moderação são definidas por comunidades autônomas, o que implica um processo democrático e educativo, em sintonia com a educação democrática.

Nossa proposta de radicalizar a democracia, via educação democrática e ação dos movimentos sociais, passa por enfrentar a relação entre a humanidade e a natureza. Conforme já discutimos de modo breve no capítulo sobre democracia que abre este livro, duas atitudes epistemológicas e políticas são aqui centrais. A primeira delas é desfazer a centralidade do ser humano – em geral dito simplesmente "o homem" – frente à natureza, como seu senhor e dono, ou criatura mais inteligente, e por conta disso com direitos e possibilidade de explorar o chamado meio ambiente a seu favor. Para isso recomendamos a leitura das obras de Ailton Krenak (2019, 2020, 2021, 2022), em livros que, de modo acessível e direto, tratam de pensar a vida humana em completa relação com todos os demais seres, eliminando a hierarquia citada. Uma frase-chave dessa postura, repetida por Krenak em muitas falas com alguma variação, é "a Terra não pertence aos humanos, os humanos é que pertencem à Terra". São livros que, em textos curtos e que atacam questões centrais da sobrevivência da humanidade – pois é disso que se trata, se vamos ou não sobreviver –, avançam questões provocantes, como discutir se a vida é útil ou não e qual a necessidade que temos do conceito de utilidade; quais estratégias podemos utilizar para adiar o fim do mundo; o questionamento da noção de humanidade universal; a ilusão da noção de progresso contínuo; imaginação e o encantamento como formas de resistir à imposição de um mundo técnico e produtivista; a proposição de que a vida possa ser vivida com alegria, coletividade e inteira sintonia com a natureza; a atenção aos sinais de degradação do planeta e nossa responsabilidade nisso. A segunda atitude epistemológica e política é tomar como categoria fundamental para pensar a democracia que queremos e necessitamos a sustentabilidade. Cada atitude individual e coletiva precisa passar pelo crivo da sustentabilidade. A ideia de uma educação que dialogue com a sustentabilidade está amparada na BNCC, que a destaca e a coloca em sintonia com a educação ambiental, em muitos componentes curriculares e de muitos modos diferentes. Pensando no diálogo com as culturas juvenis, muitas vezes o tema dialoga de perto com toda uma literatura acerca da sociedade consumista, do sujeito consumista e do consumo como categoria central a guiar a vida de muita gente, algo que precisa ser problematizado[22]. Tais questões se incorporam com a educação democrática, no sentido de alterar a relação entre a humanidade e a natureza.

O número de temas que podem ser abordados na ótica da educação democrática, e do processo de radicalização da democracia, é infinito. Em cada contexto se deverá avaliar o que é mais produtivo, tendo em vista problemáticas ali emergentes e contingentes. Tendo em vista também tradições locais de ações coletivas, de lutas, de demandas de políticas públicas, de modos de organização particulares. Não se trata de produzir um modelo único de educação democrática, aplicável a todo e qualquer lugar, a todo e qualquer contexto histórico-social. De todo modo, parece-nos que as perguntas-chave a guiar a tomada de decisão serão sempre algo como: (a) Em que a vida em uma democracia pode modificar o panorama na questão escolhida? (b) Em que a democracia que temos poderá ser melhorada para a maioria da população se tal problemática for abordada? (c) De que modo a desigualdade, traço importante na estruturação da sociedade brasileira, será reduzida ou até eliminada se

22. Como materiais audiovisuais para instaurar bons debates sobre este tema, recomendamos o filme *A conspiração consumista* (Netflix, 2024), e podcasts como *Que Dor Seu Consumismo Esconde*?

associarmos uma perspectiva de ampliação da democracia com a solução dessa problemática? E sem esquecer os elementos que definem nossa proposta de democracia, no processo que denominamos de radicalizar a democracia. A ideia de radicalização pode ser pensada em sintonia com Antonio Candido ao afirmar que o pensamento radical "visa à transformação da sociedade num sentido de igualdade e justiça social, implicando a perda de privilégios das camadas dominantes" (Candido, 1988, p. 64), conformando aquilo que podemos chamar de democracia popular, aquela que efetivamente articula o poder do povo, pelo povo e para o povo. Democracia plena só pode ocorrer quando todos e todas, na sociedade, são portadores integrais de direitos humanos. Tal situação claramente não existe ainda, mas nossa aposta é sua instauração no imaginário das pessoas, e de modo concreto, embora parcial, em contextos determinados. A educação democrática é um esforço pedagógico sempre atento aos sinais da crise das democracias liberais, nesse movimento em que tanto se defende a democracia existente dos ataques da extrema-direita e de modo simultâneo se busca sua radicalização, por entendermos que um dos motivos da insatisfação das populações com a democracia é que seu caráter liberal não permitiu atender aos anseios de melhoria de vida da maioria.

5
Da necessidade e da oportunidade de uma educação democrática

Já vivemos tempos com mais habitantes em regimes democráticos do que sob ditaduras. Conforme demonstramos neste livro, hoje a situação se inverteu. Já vivemos tempos em que a democracia era um valor apreciado pela maioria dos habitantes. Hoje a democracia não é tão apreciada, e particularmente não é tão apreciada pelos jovens. Mais ainda, os regimes democráticos são tensionados pela identificação de parcelas significativas de sua população a discursos e práticas autoritárias de extrema-direita, que concentram poder – econômico e de decisões políticas – nas mãos de poucos. Na visão de muita gente, os problemas que a democracia enfrenta devem ser resolvidos com a adoção de regimes de menor densidade democrática, e não com a sua ampliação. Já vivemos tempos em que os bens públicos e o Estado de Bem-estar Social estiveram mais fortemente presentes, embora tenham sido sempre um cobertor muito curto frente às necessidades da grande maioria da população. Hoje, com o avanço da privatização dos serviços públicos e da gestão privada sobre os equipamentos públicos, a noção de bem-estar coletivo perde terreno para a ideia de compra individual do bem-estar, na forma de saúde privada, educação privada, previdência privada, segurança privada, dentre outras modalidades. Os equipamentos e serviços necessários ao bem-estar público e coletivo viraram mercadorias, acessados na lógica do consumo, com a concepção do sujeito como consumidor, em detrimento do sujeito cidadão.

A ideia de que o bem-estar público é coletivo, produto da ação pública, e é um direito do sujeito cidadão vem sendo erodida, com impactos nos regimes democráticos. Já vivemos tempos em que as formas coletivas de vida tinham enraizamento no imaginário das pessoas. Hoje vivemos tempos em que a noção de empreendedorismo individual, a produzir empresários de si e influencers, gerou uma valorização do egoísmo individualista e projetou uma imagem de estrutura social na forma de pirâmide, com muita competição e pouca solidariedade em todos os níveis. A noção de que a sociedade é puramente um ambiente de negócios e de empreendedorismo individual causa forte erosão nos valores democráticos e na sustentabilidade do próprio planeta e da humanidade. A insistência na ideia de liberdade efetua uma captura nesse valor social, reduzindo-a a liberdades individuais, mercados livres, liberdade econômica. A liberdade é apropriada pela ótica do individualismo. O coletivo perde valor, e o mando político com facilidade se entrega a quem é mais empreendedor, e até mesmo a bilionários.

Os benefícios, direitos e oportunidades produzidos pelas democracias liberais jamais alcançaram a totalidade dos habitantes do planeta. Sempre os marcadores sociais da diferença estabeleceram importantes desigualdades de acesso. Posições de gênero, raça, classe social, trajetória educacional, origem regional, país de moradia, pertencimento religioso, inserção familiar, deficiência, opção política e pertença partidária, dentre outros, produziram combinações de trajetórias pessoais sem proteção de políticas públicas e sem reconhecimento algum de cidadania. Se em algumas localidades do mundo a população desfrutava de um Estado de Bem-estar Social, parte importante do preço disso era pago pela exploração da mão de obra de outras regiões do mundo, cujas populações não desfrutavam de tais benefícios.

O período de maior densidade e amplitude dos regimes de democracia liberal no mundo, a segunda metade do século XX, propiciou o surgimento de numerosos movimentos sociais de cunho progressista, democrático e inclusivo, e a consolidação de outros que já vinham do início desse século. Listamos aqui o movimento feminista, de tremendo impacto nas relações de gênero; a difusão em grande número de países das lutas pela igualdade racial, buscando uma reparação histórica e a mudança efetiva no quadro de racismo estrutural; a disseminação pelo mundo das demandas do movimento LGBTI+, que tanto ajudou na proliferação das posições de gênero e sexualidade como também obteve garantias que elevaram o nível de cuidado com a vida de todos, todas e todes; o vigoroso movimento ambiental e de luta contra a escalada da emergência climática, a fazer frente aos negacionismos e na busca por uma sociedade sustentável; o crescimento dos movimentos sociais pela não discriminação das deficiências, com ganhos importantes nas condições de acessibilidade e inclusão de pessoas nessas situações; a ampliação da cobertura escolar em todo o mundo, fruto da pressão em particular das populações mais pobres, configurando a educação como um direito universal; o ativismo coletivo em prol da despatologização dos muitos modos de viver e dispor de seu corpo, ampliando as possibilidades de desfrutar a vida; e as campanhas em prol da regulação das redes sociais, na tentativa de impedir a produção e disseminação de discursos de ódio, estratégia política que marca as ações da extrema-direita.

Embora tenhamos atravessado todo o século XX e este primeiro quarto do século XXI em meio a guerras e governos que exercem tirania violenta contra seus próprios cidadãos e cidadãs, é significativo que a incitação ao uso da violência tenha perdido espaço no discurso político. Isso significa dizer que a violência foi amplamente condenada como um recurso político ilegítimo para resolução de conflitos, substituída pela noção de mediação de conflitos. Significa também dizer que tivemos um recuo no apoio da opinião pública a governantes que tentavam de modo habitual estimular o ódio contra grupos sociais, instaurando a naturalidade da violência como recurso legítimo.

Tal contexto experimentou uma notável modificação neste princípio de século XXI. Promover o ódio a grupos sociais pelo simples fato de que vivem de modo diferente ou pensam de modo diverso; estimular o armamento da população em geral, concedendo, na prática, licença para matar; promover uma educação escolar que se pauta pela disciplina militar como se estivéssemos em eterno tempo de guerra; de modo explícito estimular a eliminação de oponentes políticos pela exposição em mídias sociais de informações sobre sua vida pessoal e local de residência; e outros atos do mesmo quilate tornaram-se cada vez mais aceitos no cenário político. Os valores que ao longo da vigência das democracias liberais, mesmo que com pouco alcance, haviam sido incentivados, como o respeito à diversidade, a celebração das diferenças, a equidade de direitos e oportunidades entre grupos sociais diversos e o estímulo à solidariedade experimentaram notável recuo em termos de preferência social.

O pensamento neoliberal propaga valores que acentuam o individualismo, exaltam a meritocracia, desacreditam a política e desencorajam a mobilização coletiva. Esses elementos influenciam intensamente as culturas juvenis – principal grupo atuante nos movimentos estudantis e na cultura escolar –, que, estando em uma fase decisiva de construção de sua identidade e perspectiva de mundo, mostra-se especialmente receptiva às tensões e questionamentos sociais contemporâneos. A polarização política, com a transformação do outro em inimigo a ser exterminado, gera sensação cada vez maior de insegurança na vida social. A extrema-direita apresenta um projeto de sociedade de forma clara: uma nação marcada por desigualdades crescentes, o que se explica pelo fato de que os pobres são pobres porque lhes falta mérito, e os mais astutos são recompensados por sua esperteza, pois são empreendedores, tiveram a coragem de empreender. Um mundo com tal concentração de riquezas e oportunidades para poucos gera ampliação das violências, e estas são muitas vezes naturalizadas, em parte porque já constituem traço cultural de longa duração em nossa sociedade.

O saldo organizativo e democrático que temos para lutar contra o avanço dos processos de autocratização está ligado à organização popular fruto desse conjunto de movimentos sociais progressistas e com visão inclusiva e de valorização da diversidade que listamos acima, e muitos outros movimentos de caráter local ou regional que apostam na solidariedade. É com esses movimentos sociais com que contamos para defender os instrumentos democráticos que ainda temos e radicalizar a democracia em direção a níveis muito mais intensos do que atualmente vigem, buscando verdadeira inclusão, justa repartição da riqueza, justiça social, possibilidades de acesso ao mais elevado patamar de formação, políticas públicas de cuidado com capacidade de escuta e atenção. Com uma multiplicidade de movimentos sociais de um lado, e a força da extrema-direita de outro, a estratégia de luta por uma educação democrática faz pensar na noção de coalizão, conforme discutido por Judith Butler:

> As coalizões não exigem amor mútuo; elas exigem uma visão compartilhada de que as forças opressivas podem ser derrotadas por meio da ação conjunta e do avanço em meio às diferenças difíceis, sem insistir em dar a estas últimas uma solução definitiva (Butler, p. 41, 2024).

A trajetória escolar cumpre um papel importante no objetivo de radicalizar a democracia, pois ela, ao longo dos anos das democracias liberais, se ampliou, e os sistemas escolares se tornaram mais inclusivos. Não é mais possível pensar a condição infantil e juvenil sem estar em estreita conexão com a cultura escolar. E não é mais possível pensar o cotidiano escolar sem estar em conexão com as culturas juvenis que nele habitam. A escola é local de aprendizagem científica, e local de vivência no espaço público, de sociabilidade em sintonia com os valores republicanos. A trajetória escolar traz oportunidades importantes no combate à desinformação, oportunizando diálogo, debate argumentado, busca de fontes. A desinformação no contexto atual é uma estratégia de erosão das democracias, largamente utilizada pela extrema-direita, e que traz como um dos resultados a ampliação da desigualdade social e econômica. A trajetória escolar é um meio muito efetivo de ampliar conhecimentos e ensinar a reconhecer a qualidade da informação e sua origem.

A educação democrática se pauta pelo reconhecimento da diversidade, das diferenças e dos conflitos, ela assume o conflito como inerente à vida humana. E busca então, com o recurso das ferramentas da democracia, realizar a mediação do conflito, sem espaço para posições políticas que buscam eliminar a democracia. A educação democrática é absolutamente contrária à estratégia de fazer da violência – e do ódio a grupos vulneráveis – um modo de relação na vida social. Os discursos de ódio assumem claramente a perspectiva de que o outro, ou a outra, não é um ser humano, podendo então ser eliminado. Só estariam autorizados a viver os chamados "cidadãos de bem". Por conta disso, a educação democrática se vincula ao campo dos direitos humanos e reconhece que todos os seres humanos são portadores dos mesmos direitos. Quando cometem infrações, e até mesmo crimes, serão julgados a partir dos direitos humanos. Não se lhes retira a condição de seres humanos, nem sua dignidade, por conta de divergências políticas, posições diversas em questões como religião, gênero, sexualidade etc. A educação democrática não admite, definitivamente, posições que retiram humanidade de grupos sociais, visando à sua eliminação, simbólica ou física.

Pensar um programa de educação democrática na escola, numa associação de moradores, no Ensino Superior, em um movimento social, é dialogar com a pedagogia da esperança, de Paulo Freire e de bell hooks. É alimentar o desejo de insubordinação frente a uma realidade de grande desigualdade, como é a realidade brasileira, e somar a isso a esperança de modificação desse contexto. A esperança de que falamos exige um diagnóstico da realidade de exploração e o desenho de movimentos para superar isso, em direção a um projeto de humanidade sustentável e igualitário. É levar o desejo de insubordinação contra o sistema junto com a radicalização da democracia, e não na direção de regimes autoritários e concentradores de renda e poder. Radicalizar a democracia no sentido de conquistar direitos, e não de suprimir direitos das populações já historicamente vulneráveis. A educação democrática indaga o tempo todo acerca da democracia que queremos, de que precisamos e que nos ajuda a chegar a uma sociedade de igualdade. O projeto de uma educação democrática aposta na construção de saídas coletivas, e não individuais, para os problemas sociais. A escola é um grande percurso de vida coletiva, na vivência da cultura escolar, e deve apostar em ações de solidariedade. Movimentos sociais que buscam a igualdade e a distribuição do poder entre todos os grupos humanos estão alinhados com os princípios da educação democrática.

Bibliografia

Referências

AKOTIRENE, K. *Interseccionalidade*. São Paulo: Pólen Livros, 2019.

ALFANO, B. Os "excluídos" das cívico-militares: alunos e professores denunciam excessos e pressão para deixarem as escolas. *O Globo*, Rio de Janeiro, 23 jul. 2023. Disponível em: https://oglobo.globo.com/brasil/educacao/noticia/2023/07/23/os-excluidos-das-civico-militares-alunos-e-professores-denunciam-excessos-e-pressao-para-deixarem-as-escolas.ghtml – Acesso em: 2 ago. 2025.

ANAJURE – Associação Nacional de Juristas Evangélicos. *Parecer Técnico-Jurídico da ANAJURE sobre os Planos Estaduais e Municipais de Educação*. 2015. Disponível em: https://anajure.org.br/wp-content/uploads/2015/06/Parecer.PNE_.PEE_.PME_.Final-2-1.pdf – Acesso em: 5 mar. 2025.

AVRITZER, L. Esfera pública sem mediação? Habermas, anti-iluminismo e democracia. *Lua Nova*, n. 118, p. 13-40, 2023. Disponível em: https://www.scielo.br/j/ln/a/MPctNQjn3VnFQ6xqZPRCH4g/. Acesso em: 30 dez. 2024.

BASTOS JÚNIOR, L. M. Autonomia universitária como instrumento do pluralismo de ideias. *In*: DINIZ, D.; BUGLIONE, S.; RIOS, R. R. (Orgs.). *Entre a dúvida e o dogma: liberdade de cátedra e universidades confessionais*. Brasília: Letras Livres; Porto Alegre: Livraria do Advogado, 2006. p. 184-186.

BIESTA, G. On the weakness of education. *Philosophy of Education Yearbook*, p. 354–362, 2009.

BIESTA, G. *Learning democracy in school and society: education, lifelong learning, and the politics of citizenship*. Rotterdam: Sense Publishers, 2011.

BEZERRA, E. V. *Redes sociais e democracia*. Curitiba: CRV, 2024

BIZZARRO, F.; COPPEDGE, M. Variedades da democracia no Brasil. *Opinião Pública*, v. 23, n. 1, p. 1-42, jan. 2017.

BLANCARTE, R. O porquê de um Estado laico. *In*: LOREA, R. A. (Org.). *Em defesa das liberdades laicas*. Porto Alegre: Livraria do Advogado, 2008.

BLASER, M.; De LA CADENA, M. The uncommons: an introduction. *Anthropologica*, v. 59, p. 185-193, 2017.

BOBBIO, N.; MATEUCCI, N.; PASQUINO, G. *Dicionário de política*. Trad. C. C. Varrialle, G. L. Mônaco, J. Ferreira, L. G. P. Cacais, R. Dini. Brasília: UnB, 1986.

BRASIL. *Constituição da República Federativa do Brasil*. Brasília: Senado Federal, 1988.

BRASIL. Ministério da Educação. *Base Nacional Comum Curricular*. Brasília, DF: MEC, 2018.

BRASIL. Câmara dos Deputados. *Projeto de Lei nº 7.180, de 2014. Altera o art. 3º da Lei nº 9.394, de 20 de dezembro de 1996*. Brasília: Câmara dos Deputados, 2014. Disponível em: https://www.camara.leg.br/proposicoesWeb/fichadetramitacao?idProposicao=606722 – Acesso em: 5 mar. 2025.

BRASIL. Câmara dos Deputados. *Parecer da Comissão Especial ao Projeto de Lei nº 7.180, de 2014*. Brasília: Câmara dos Deputados, 2018. Disponível em: https://www.camara.leg.br/proposicoesWeb/prop_mostrarintegra?codteor=1688989&filename=Tramitacao-PL%207180/2014 – Acesso em: 5 mar. 2025.

BRASIL. Senado Federal. *Projeto de Lei do Senado nº 193, de 2016*. Inclui entre as diretrizes e bases da educação nacional, de que trata a Lei nº 9.394, de 20 de dezembro de 1996, o "Programa Escola sem Partido". Brasília: Senado Federal, 2016. Disponível em: https://www25.senado.leg.br/web/atividade/materias/-/materia/125666 – Acesso em: 5 mar. 2025.

BRASIL. Supremo Tribunal Federal. Arguição de Descumprimento de Preceito Fundamental nº 457. Relator: Min. Alexandre de Moraes. Julgamento em: 27 abr. 2020. *Diário da Justiça Eletrônico*, Brasília, DF, 03 jun. 2020. Disponível em: https://redir.stf.jus.br/paginadorpub/paginador.jsp?docTP=TP&docID=752834386 – Acesso em: 5 mar. 2025.

BRASIL. Supremo Tribunal Federal. Arguição de Descumprimento de Preceito Fundamental nº 460. Relator: Min. Luiz Fux. Julgamento em: 29 jun. 2020. *Diário da Justiça Eletrônico*, Brasília, DF, 13 ago. 2020. Disponível em: https://redir.stf.jus.br/paginadorpub/paginador.jsp?docTP=TP&docID=753445537 – Acesso em: 5 mar. 2025.

BRASIL. Supremo Tribunal Federal. Arguição de Descumprimento de Preceito Fundamental nº 461. Relator. Min. Roberto Barroso. Julgamento em: 24 ago. 2020. *Diário da Justiça Eletrônico*, Brasília, DF, 22 set. 2020. Disponível em: https://redir.stf.jus.br/paginadorpub/paginador.jsp?docTP=TP&docID=753886751 – Acesso em: 5 mar. 2025.

BRASIL. Supremo Tribunal Federal. Arguição de Descumprimento de Preceito Fundamental nº 462. Relator: Min. Edson Fachin. Julgamento em: 1 jul. 2024. *Diário de Justiça Eletrônico*, Brasília, DF, 22 ago. 2024. Disponível em: https://redir.stf.jus.br/paginadorpub/paginador.jsp?docTP=TP&docID=779355064 – Acesso em: 5 mar. 2025.

BRASIL. Supremo Tribunal Federal. Arguição de Descumprimento de Preceito Fundamental nº 526. Relator: Min. Cármen Lúcia. Julgamento em: 11 maio 2020. *Diário de Justiça Eletrônico*, Brasília, DF, 3 jun. 2020. Disponível em: https://redir.stf.jus.br/paginadorpub/paginador.jsp?docTP=TP&docID=752833807 – Acesso em: 5 mar. 2025.

BRASIL. Supremo Tribunal Federal. Medida Cautelar na Arguição de Descumprimento de Preceito Fundamental nº 465. Relator: Min. Roberto Barroso. Julgamento em: 24 ago. 2018. *Diário de Justiça Eletrônico*, Brasília, DF, 28 ago. 2018. Disponível em: https://portal.stf.jus.br/processos/downloadPeca.asp?id=315110425&ext=.pdf – Acesso em: 5 mar. 2025.

BROWN, W. *Nas ruínas do neoliberalismo* – A ascensão da política antidemocrática no Ocidente. São Paulo: Editora Filosófica Politeia, 2019.

BUTLER, J. *Quem tem medo do gênero?* São Paulo: Boitempo Editorial, 2024.

CANOTILHO, J. J. G. *Direito Constitucional e teoria da constituição.* Coimbra: Almedina, 2000.

CANDIDO, A. Sérgio, o radical. *In*: *Sérgio Buarque de Holanda*: vida e obra. São Paulo: Secretaria de Estado da Cultura; Arquivo do Estado; Universidade de São Paulo; Instituto de Estudos Brasileiros, 1988.

CARVALHO, A. A. P. de; ZIENTARSKI, C.; RECH, H. L. Escolas cívico-militares: estratégia política para ocultar a negligência com a educação pública no Estado brasileiro. *Educação*, [S. l.], v. 45, n. 1, p. e36739, 2022. Disponível em: https://doi.org/10.15448/1981-2582.2022.1.36739 – Acesso em: 5 mar. 2025.

CESARINO, L. *O mundo do avesso*: verdade e política na era digital. São Paulo: Ubu Editora, 2022.

CHAUÍ, M. *Democracia*: criação de direitos. *Síntese*, Belo Horizonte, v. 45, n. 143, p. 409-422, set./dez. 2018a.

CHAUÍ, M. *Em defesa da educação pública, gratuita e democrática.* Belo Horizonte: Autêntica, 2018b.

COMISIÓN INTERAMERICANA DE DERECHOS HUMANOS (CIDH). *Afectaciones al derecho a la libertad de expresión por medidas estatales de censura en las Américas.* Audiencia Regional, 190° Período Ordinario de Sesiones de la Comisión Interamericana de Derechos Humanos. Washington, DC: CIDH, 2024. Disponível em: https://abraji.org.br/afectaciones-al-derecho-a-la-libertad-de-expresion-por-medidas-estatales-de-censura-en-las-americas – Acesso em: 26 dez. 2024

COLLINS, P. H. *Bem mais que ideias:* a interseccionalidade como teoria social crítica. São Paulo: Boitempo, 2022.

COLLINS, P. H.; BILGE, S. *Interseccionalidade*. São Paulo: Boitempo, 2021.

CUNHA, C. V. da; MORAIS, M. R. de; DUARTE, T. dos S. (Orgs.). *Laicidade e democracia no Brasil*: trajetórias e campos de trabalho em foco. Rio de Janeiro: Editora Periferias, 2025. Disponível em: https://abant.org.br/publicacoes/publicacao/077114?fbclid=IwY2xjawIUe3lleHRuA2FlbQIxMAABHXW83WUHMHYGbjVBMLqFH6VBU6m4qt9wScwhimFUse15EHv_3YSwdRqKIA_aem_6bzobr4fEWcQ8HW1pMJMrg – Acesso em: 5 fev. 2025

CUNHA, V. P. da; LOPES, A. C. Militarização da gestão das escolas públicas: a exclusão da atividade política democrática. *Educação & Sociedade*, v. 43, n. 1, p. e258252, 2022. Disponível em: https://doi.org/10.1590/ES.258252 – Acesso em: 5 mar. 2025.

DE LA CADENA, M.; BLASER, M. (Eds.). *A world of many worlds*. Durham: Duke University Press, 2018.

DE LA CADENA, M. Natureza incomum: histórias do antropo-cego. *Revista do Instituto de Estudos Brasileiros*, n. 69, p. 95-117, 2018.

DE LA CADENA, M. Protesting from the uncommons. *In*: SANTISTEBAN, R. S. *Indigenous women and climate change*. Lima: IWGIA, 2020.

DINIZ, D. Quando a verdade é posta em dúvida. *In*: DINIZ, D.; BUGLIONE, S.; RIOS, R. R. (Orgs.). *Entre a dúvida e o dogma*: liberdade de cátedra e universidades confessionais. Brasília: Letras Livres; Porto Alegre: Livraria do Advogado, 2006.

ESCOBAR, A. *Pluriversal politics*: the real and the possible. Durham: Duke University Press, 2020.

ESCOBAR, A. *Sentipensar con la tierra*: nuevas lecturas sobre desarrollo, territorio y diferencia. Medellín: Ediciones Unaula, 2014.

FERNANDES, C. O tamanho institucional da Religião no Censo do IBGE. *Religião e Poder*, Rio de Janeiro, 2024. Disponível em: https://religiaoepoder.org.br/artigo/o-tamanho-institucional-da-religiao-no-censo-do-ibge – Acesso em: 5 fev. 2025.

FOUCAULT, M. *Nascimento da biopolítica*. Lisboa: Edições 70, 2021.

FREIRE, P. *Pedagogia da autonomia:* saberes necessários à prática educativa. 25ª ed. São Paulo: Paz e Terra, 2002.

FREIRE, P. *Pedagogia do oprimido*. São Paulo: Paz e Terra, 2018.

FUKUYAMA, F. *O fim da história e o último homem*. Rio de Janeiro: Rocco, 2015 [1992].

GANDIN, L. A.; APPLE, M. W. Challenging neo-liberalism, building democracy: creating the Citizen School in Porto Alegre, Brazil. *Journal of Education Policy*, v. 17, n. 2, p. 259-279, 2002.

GORDON, R. Freedom of expression and values inculcation in the public school curriculum. *Journal of Law & Education*, v. 13, n. 4, p. 523-579, 1984. Disponível em: https://scholarcommons.sc.edu/jled/vol13/iss4/3/. Acesso em: 5 mar. 2025.

GIUMBELLI, E.; CAMURÇA, M. (Orgs.) *Transformações da laicidade*: Estado, religião e sociedade em relação. Brasília: ABA Publicações, 2024. Disponível em: https://abant.org.br/publicacoes/publicacao/225775 – Acesso em: 4 fev. 2025

HESSE, K. *Elementos de Direito Constitucional da República Federal da Alemanha*. Porto Alegre: SAF, 1998.

HESSEL, S. *Indignai-vos!* Portugal: Leya Livros, 2012.

HOOKS, B.. *Ensinando a transgredir*: a educação como prática da liberdade. São Paulo: Editora Martins Fontes, 2017.

HOOKS, B. *Ensinando comunidade*: uma pedagogia da esperança. São Paulo: Elefante, 2021.

HUACO, M. A laicidade como princípio constitucional do Estado de Direito. *In*: LOREA, R. A. (Org.). *Em defesa das liberdades laicas*. Porto Alegre: Livraria do Advogado, 2008.

HUNTINGTON, S. P. *A terceira onda*: a democratização no final do século XX. São Paulo: Atica, 1994 [1991].

INSTITUTO IPSOS. *Global Religion 2023*. Religious Beliefs Across the World. A 26 country Global Advisor survey. Johannesburg, South Africa: Global Advisory, maio 2023. Disponível em: https://www.ipsos.com/pt-br/89-dos-brasileiros-acreditam-em-deus-ou-em-um-poder-maior-aponta-pesquisa-ipsos – Acesso em: 7 fev. 2025.

INSTITUTO IPSOS. 89% dos brasileiros acreditam em Deus ou em um poder maior, aponta pesquisa Ipsos. *Ipsos*, 17 maio 2023. Disponível em: https://www.ipsos.com/pt-br/89-dos-brasileiros-acreditam-em-deus-ou-em-um-poder-maior-aponta-pesquisa-ipsos – Acesso em: 2 ago. 2025.

KRENAK, A. *Futuro ancestral*. São Paulo: Companhia das Letras, 2022.

KRENAK, A. *O amanhã não está à venda*. São Paulo: Companhia das Letras, 2021.

KRENAK, A. *A vida não é útil*. São Paulo: Companhia das Letras, 2020.

KRENAK, A. *Ideias para adiar o fim do mundo*. São Paulo: Companhia das Letras, 2019.

LATINOBARÓMETRO. *Informe Latinobarómetro 2024*: la democracia resiliente. Santiago do Chile: Latinobarómetro, 2024. Disponível em https://www.latinobarometro.org/lat.jsp – Acesso em: 26 dez. 2024.

LAVAL, C.; VERGNE, F. *Educação democrática*: a revolução escolar iminente. Petrópolis: Vozes, 2023.

LAW, J. What's wrong with a one-world world? *Distinktion J. Soc. Theory*, v. 16, p. 126-139, 2015.

LEVITSKY, S.; ZIBLATT, D. *Como as democracias morrem*. São Paulo: Zahar, 2018.

LIMA, L. Por que é tão difícil democratizar a gestão da escola pública?. *Educar em Revista*, v. 34, n. 68, p. 15-28, 2018.

LIONÇO, T.; DINIZ, D. (Orgs.). *Homofobia & educação*: um desafio ao silêncio. Brasília: UnB, 2009.

LUNA, N. A criminalização da "ideologia de gênero": uma análise do debate sobre diversidade sexual na Câmara dos Deputados em 2015. *Cadernos Pagu*, v. 50, n. 1, p. e175018, 2017. Disponível em: https://doi.org/10.1590/18094449201700500018 – Acesso em: 5 mar. 2025.

MARKOVITS, D. *A cilada da meritocracia*: como um mito fundamental da sociedade alimenta a desigualdade, destrói a classe média e consome a elite. Rio de Janeiro: Intrínseca, 2021.

MARSHALL, T. *Cidadania, classe social e status*. Rio de Janeiro: Zahar, 1967.

MIGUEL, L. F. *Democracia na periferia capitalista*: Impasses do Brasil. Belo Horizonte: Autêntica, 2022.

MIGUEL, L. F. Despolitização e antipolítica: a extrema-direita na crise da democracia. *Argumentum*, Vitória, v. 13, p. 8-20, 2021. Disponível em: https://periodicos.ufes.br/argumentum/article/view/36261 – Acesso em: 26 dez. 2024.

MISKOLCI, R.; CAMPANA, M. “Ideologia de gênero”: notas para a genealogia de um pânico moral contemporâneo. *Sociedade e Estado*, v. 32, n. 3, p. 725-748, 2017. Disponível em: https://doi.org/10.1590/s0102-69922017.3203008 – Acesso em: 5 mar. 2025.

MOREL, A. P. M. *Um mundo onde caibam muitos mundos*: educação descolonizadora e revolução zapatista. São Paulo: Autonomia Libertária, 2023.

MORI, L. Por que o Brasil está no topo do *ranking* de países onde mais se acredita em Deus. *BBC News Brasil*, São Paulo, 22 maio 2023. Disponível em: https://www.bbc.com/portuguese/articles/c29r21r69j8o – Acesso em: 2 ago. 2025.

MOUFFE, C. Democracia, cidadania e a questão do pluralismo. *Política & Sociedade*, Florianópolis, v. 2, n. 3, p. 11-26, 2003. Disponível em: https://periodicos.ufsc.br/index.php/politica/article/view/2015 – Acesso em: 5 mar. 2025.

MOUFE, C. Por um modelo agonístico de democracia. *Revista de Sociologia e Política*, n. 25, p. 11-23, 2006.

MOUFFE, C. Democracia, cidadania e a questão do pluralismo. *Política & Sociedade*, Florianópolis, v. 1, n. 3, p. 11-26, out. 2003.

MOUFFE, C. Globalização e cidadania democrática. *Revista da Faculdade de Direito da UFPR*, Curitiba, v. 36, p. 17-25, 2001.

MOUNK, Y. *O povo contra a democracia*: Por que nossa liberdade corre perigo e como salvá-la. São Paulo: Cia. das Letras, 2019 [2018].

NAGIB, M. Escola Sem Partido. Entrevista concedida ao Canal Futura pelo Programa Sala Debate, publicada em 19 jul. 2016. Disponível em: https://www.youtube.com/watch?v=J2v7PA1RNqk – Acesso em: 5 mar. 2025.

NORD, M.; LUNDSTEDT, M.; ALTMAN, D.; ANGIOLILO, F.; BORELLA, C.; FERNANDES, T.; GASTALDI, L.; GOD, A. G.; NATSIKA, N.; LINDBERG, S. I. *Democracy report 2024*: democracy winning and losing at the ballot. University of Gothenburg: V-Dem Institute, 2024. Disponível em: https://v-dem.net/. Acesso em: 26 dez. 2024.

NUNES, R. *Nem Vertical, nem Horizontal:* uma teoria da organização política. São Paulo: Ubu Editora, 2023.

OLIVEIRA, R. P. de. O Direito à Educação na Constituição Federal de 1988 e seu restabelecimento pelo sistema de Justiça. *Revista Brasileira de Educação*, n. 11, p. 61-74, 1999.

OXFAM Brasil. *Às custas de quem?* A origem da riqueza e a construção da injustiça no colonialismo. São Paulo: OXFAM Brasil, 2025. Disponível em https://www.oxfam.org.br/forum-economico-de-davos/as-custas-de-quem/ Acesso em: 26 jan. 2025

PENNA, F. A. Construindo estratégias para uma luta pela educação democrática. *In*: PENNA, F. A.; QUEIROZ, F.; FRIGOTTO, G. (Orgs.). *Educação democrática*: antídoto ao Escola sem Partido. Rio de Janeiro: LPP Uerj, v. 1, p. 111-130, 2018.

PENNA, F.; AQUINO, R.; MOURA, F. Propondo uma definição de perseguição a educadoras(es) baseada na educação democrática. *Educação & Sociedade*, v. 45, 2024.

PONTES DE MIRANDA. *Comentários à Constituição de 1967 com a Emenda n. 1, de 1969.* Rio de Janeiro: Forense, 1987.

PRZEWORSKI, A. *Crises da democracia.* São Paulo: Zahar, 2020 [2019].

RIBEIRO, D. *Lugar de fala*. São Paulo: Pólen, 2019.

RIOS, R. R. A laicidade e os desafios à democracia no Brasil: neutralidade e pluriconfessionalidade na Constituição de 1988. *In*: NARDI, H. C.; MACHADO, P. S.; SILVEIRA, R. S. *Diversidade sexual e relações de gênero nas políticas públicas*: o que a laicidade tem a ver com isso? Porto Alegre: Deriva/Abrapso, 2015, p. 17-38.

RIOS, R. R. Entre a cruz e a espada: autonomia das universidades confessionais e a liberdade de cátedra na Constituição da República de 1988. *In*: DINIZ, D.; BUGLIONE, S.; RIOS, R. R. (Orgs.). *Entre a dúvida e o dogma*: liberdade de cátedra e universidades confessionais. Brasília: Letras Livres; Porto Alegre: Livraria do Advogado, 2006, p. 131-150.

RIOS, R. R.; MELLO, L. E. de. A ofensiva neoliberal ao direito da antidiscriminação: a expansão da liberdade protegida no Supremo Tribunal Federal e na Suprema Corte dos EUA. *Revista Direito e Práxis*, v. 14, n. 3, p. 1874-1903, 2023. Disponível em: https://doi.org/10.1590/2179-8966/2023/78331 - Acesso em: 5 mar. 2025.

RIOS, R. R.; RESADORI, A. H. Gênero e seus/suas detratores/as: "ideologia de gênero" e violações de direitos humanos. *Rev. psicol. polít.*, v. 18, n. 43, p. 622-636, 2018. Disponível em: https://pepsic.bvsalud.org/scielo.php?script=sci_arttext&pid=S1519-549X2018000300012 - Acesso em: 5 mar. 2025.

RUNCIMAN, D. *Como a democracia chega ao fim*. São Paulo: Todavia, 2018.

SALGADO, S. D. C. [Re]Considerando a educação ambiental e a educação democrática a partir da decolonialidade: um estudo sobre a Escola Democrática de Huamachuco. Orientador: Celso Sanchez. 2020. Dissertação (Mestrado em Educação) - Universidade Federal do Estado do Rio de Janeiro, Rio de Janeiro, 2020.

SANDEL, M. J. *A tirania do mérito*: o que aconteceu com o bem comum? Rio de Janeiro: Civilização Brasileira, 2020.

SANT, E. Democratic education: A theoretical review (2006-2017). *Review of Educational Research*, v. 89, n. 5, p. 655-696, 2019.

SANT, E. *Political education in times of populism*: towards a radical democratic education. Cham: Palgrave Macmillan; Springer Nature, 2021.

SARLET, I. *Curso de Direito Constitucional*. São Paulo: Saraiva, 2016.

SOARES, S. de P. L. Educação, redistribuição e reconhecimento: contribuições do pensamento de Nancy Fraser para o debate sobre justiça. *Educação e Pesquisa*, v. 47, p. e246094, 2021. Disponível em: https://doi.org/10.1590/S1678-4634202147246094 - Acesso em: 26 dez. 2024.

SAVATER, F. *Los caminos para la libertad*: ética y educación. Ciudad de México: Fondo de Cultura Económica, 2015.

SEFFNER, F. *Atravessamentos de gênero, sexualidade e educação*: tempos difíceis e novas arenas políticas. Reunião Científica Regional da ANPED: educação, movimentos sociais e governamentais. Curitiba: UFPR, 2016. Disponível em: http://www.anpedsul2016.ufpr.br/portal/wp-content/uploads/2015/11/Eixo-18-G%C3%AAnero-Sexualidade-e-Educa%C3%A7%C3%A3o.pdf - Acesso em: 5 mar. 2025.

SEFFNER, F.; PENNA, F. Educação democrática e equidade de gênero: disputas na cultura escolar. *Retratos da Escola*, v. 18, n. 40, p. 39-57, 2024.

SEN, A. *Desenvolvimento como liberdade*. São Paulo: Companhia das Letras, 2010.

SILVA, J. A. da. *Curso de Direito Constitucional Positivo*. São Paulo: RT, 1992.

SOLANO, E.; ROCHA, C. *Juventudes e democracia na América Latina*. Londres: Luminate, 2022. Disponível em https://www.luminategroup.com/posts/research/youth-and-democracy-in-latin-america/pt – Acesso em: 3 fev. 2025.

STANDLER, R. B. Academic Freedom in the USA. *Dr. Ronald B. Standler Professional Homepage*, 2000. Disponível em: http://rbs2.com/afree.htm – Acesso em: 5 mar. 2025.

TEIXEIRA, M. C. O direito à educação nas constituições brasileiras. *Revista do Curso de Direito da Universidade Metodista de São Paulo*, v. 5, p. 146-168, 2008. Disponível em: https://core.ac.uk/download/pdf/235209223.pdf – Acesso em: 5 mar. 2025.

VASCONCELOS, M. C. C.; BOTO, C. A educação domiciliar como alternativa a ser interrogada: problema e propostas. *Práxis Educativa*, v. 15, p. e2014654, 2020. Disponível em: https://doi.org/10.5212/PraxEduc.v15.14654.019 – Acesso em: 5 mar. 2025.

VIER, F. Constituição *"Dei Verbum"*. Compêndio do Vaticano II: constituições, decretos, declarações. Petrópolis: Editora Vozes, 1984, p. 119-140.

VIER, F. *Constituição "Gaudium et Spes"*. Compêndio do Vaticano II: constituições, decretos, declarações. Petrópolis: Editora Vozes, 1984, p. 141-256.

WIKE, R.; FETTEROLF, J.; SMERKOVICH, M.; AUSTIN, S.; GUBBALA, S.; LIPPERT, J. Representative democracy remains a popular ideal, but people around the world are critical of how it's working. *Pew Research Center*, Washington, fev. 2024. Disponível em: https://www.pewresearch.org/global/2024/02/28/representative-democracy-remains-a-popular-ideal-but-people-around-the-world-are-criticalof-how-its-working/?utm_source=Pew+Research+Center&utm_campaign=d1476a92c7-Weekly_3-2-24&utm_medium=email&utm_term=0_-d1476a92c7-%5BLIST_EMAIL_ID%5D Acesso em: 26 dez. 2024.

WURMEISTER, F. O educador usurpa uma função que é da família. Entrevista com Armindo Moreira. *Gazeta do Povo*, edição online, 7 ago. 2012. Disponível em: https://www.gazetadopovo.com.br/vida-e-cidadania/o-educador-usurpa-uma-funcao-que-e-da-familia-293fk255btxfvp15ip2ikn4ni/. Acesso em: 5 mar. 2025.

Leituras para aprofundamento do tema

Para além da aprendizagem: educação democrática para um futuro humano, de Gert Biesta (Editora Autêntica).

The Cambridge Handbook of Democratic Education, editado por Douglas Yacek, Johannes Drerup, Julian Culp (Cambridge University Press).

Political education in times of populism: towards a radical democratic education, de Edda Sant (Springer International Publishing).

Nem Horizontal, nem Vertical: uma teoria da organização política, de Rodrigo Nunes (UBU Editora).

Transformações da política na era da comunicação de massa, de Wilson Gomes (Editora Paulus).

Participação e ativismos: entre retrocessos e resistências, de Luciana Tatagiba, Debora Rezende de Almeida, Adrian Gurza Lavalle e Marcelo Kunrath Silva (Editora Zouk).

Educação contra a barbárie: por escolas democráticas e pela liberdade de ensinar, organizada por Fernando Cássio (Boitempo Editorial).

A cidade inteligente: Tecnologias urbanas e democracia, de Evgeny Morozov e Francesca Bria (UBU Editora).

Introdução à Teoria Democrática: conceitos, histórias, instituições e questões transversais, de Ricardo Fabrino Mendonça e Eleonora Schettini Martins Cunha (Editora UFMG).

Aspirantes a fascistas: um guia para entender a maior ameaça à democracia, de Federico Finchelstein (Editora Vestígio).

Educação democrática: a revolução escolar iminente, de Christian Laval e Francis Vergne (Editora Vozes).

Universidade pública e democracia, de João Carlos Salles (Boitempo Editorial).

Democracia para quem?, de Angela Davis e Patricia Hill Collins (Boitempo Editorial).

O papel da escola no enfrentamento à violência sexual contra crianças e adolescentes, do Ministério da Educação – Secadi (Brasília: Secadi MEC Uberlândia: UFU Proex, 2024).

Guerra cultural e retórica do ódio: crônicas de um Brasil pós-político, de João Cezar de Rocha (Editora Caminhos).

A nova direita: aparelhos de ação política e ideológica no Brasil contemporâneo, de Flávio H.C. Casimiro (Expressão Popular).

A tragédia e a farsa: a ascensão das direitas no Brasil contemporâneo, de Flávio H. C. Casimiro (Expressão Popular).

A máquina do caos: como as redes sociais reprogramaram nossa mente e nosso mundo, de Max Fisher (Todavia).

Sítios web

Manual de defesa contra a censura nas escolas: https://manualdedefesadasescolas.org.br

Memorial da democracia: https://memorialdademocracia.com.br/

Democracia: um regime político sempre em construção: https://www.nexojornal.com.br/explicado/2022/10/01/Democracia-um-regime-pol%C3%ADtico-sempre-em-constru%C3%A7%C3%A3o

Plataforma Religião e Poder (Análises sobre o impacto da religião na política brasileira): https://religiaoepoder.org.br/

Democracy and Education (Periódico sobre educação e democracia): https://democracyeducationjournal.org/

Quem somos

Fernando Seffner é mestre em Sociologia e doutor em Educação pela Universidade Federal do Rio Grande do Sul (UFRGS), com períodos adicionais de estudos na Columbia University e na Universidade de Buenos Aires. É professor do Programa de Pós-graduação em Educação da UFRGS, na linha de pesquisa Educação, Sexualidade e Relações de Gênero. É líder do Grupo de Estudos de Educação e Relações de Gênero (Geerge). Desenvolve pesquisas na conexão entre cultura escolar, direitos humanos e políticas públicas de educação. Currículo disponível em http://lattes.cnpq.br/2541553433398672

Fernando de Araújo Penna é mestre e doutor em Educação pela Universidade Federal do Rio de Janeiro (UFRJ). É diretor da Faculdade de Educação da Universidade Federal Fluminense (UFF), líder do Núcleo de Estudos em Educação Democrática (Need) e coordenador do Observatório Nacional da Violência contra Educadoras/es (Onve). Tem dedicado suas pesquisas mais recentes aos temas educação democrática, ensino de História e análises do movimento "Escola Sem Partido". Currículo disponível em http://lattes.cnpq.br/9967596498287478

Roger Raupp Rios é mestre e doutor em Direito pela Universidade Federal do Rio Grande do Sul (UFRGS). É professor do Programa de Pós-graduação em Direito da Universidade do Vale do Rio dos Sinos (Unisinos) e do Programa de Pós-graduação Mestrado Profissional da Escola Nacional de Formação e Aperfeiçoamento de Magistrados (Enfam). Atua em projetos de pesquisa sobre direitos humanos, direito da antidiscriminação e ética judicial. É desembargador federal no TRF-4 Porto Alegre. Currículo disponível em http://lattes.cnpq.br/9032766713121501

EDITORA VOZES LTDA.
Rua Frei Luís, 100 – Centro – Cep 25689-900 – Petrópolis, RJ
Tel.: (24) 2233-9000 – E-mail: vendas@vozes.com.br